IMPRESSUM

©   2024, Copyright der Originalausgabe

Traude Schubert
D – 09353 Oberlungwitz
traude-schubert@web.de

Umschlagbild:
www.pexels.com/de-de/foto/-46710/

Abbildungen: siehe Bilderquellen

Alle Rechte vorbehalten – Traude Schubert

Herstellung und Verlag:
BoD – Books on Demand, Norderstedt
ISBN: 9783759752581

Vegetarische

Sommerfeelings

Traude Schubert

Vorwort

Vegetarische Sommerfeelings

Endlich ist es so weit: Sommerzeit.
Frisches Obst und Gemüse steht bereit.

Das macht Lust neue Rezepte auszuprobieren.
Das passende dazu, habe ich in
meinem Kochbuch zusammengetragen.

Lecker und gesund, ohne ewig in der Küche
stehen zu müssen.

Ob nun alkoholfreie Getränke, Dips und Soßen,
Fingerfood und Salate, auch süße Gerichte
dürfen nicht fehlen.

Viel Freude beim Ausprobieren und Genießen

wünscht Ihnen

Traude Schubert

Inhalt

Pizza

Desserts und Kuchen

Desserts

Kuchen

Dips und Soßen

Dips

Kartoffel Gerichte

Nudelgerichte

Reisgerichte

Salate

Suppen

Süße Gerichte

Erklärungen zu Umami

Immer wieder findet man in Rezeptbeschreibungen verschiedene Begriffe, die weniger geläufig sind.

Hier möchte ich nun einige davon erklären.

* * *

Umami – Geschmack

Umami wurde bereits 1908 vom japanischen Forscher Kikunae Ikeda als eigenständige Geschmacksqualität identifiziert.
Wörtlich lässt sich das mit **fleischig, herzhaft oder wohlschmeckend** übersetzen.
Gemeint ist damit ein vollmundiger Geschmack, wie er typisch für Fleisch, Käse oder Pilze ist.

Umami wurde 1908 von **Professor Kikunae Ikeda**, einem Chemiker an der Tokyo Imperial University, entdeckt.
Er bemerkte bei bestimmten Lebensmitteln wie Dashi, Spargel, Käse, Tomaten und Fleisch einen besonderen, „herzhaften" Geschmack, der weder süß, sauer, salzig noch bitter war.

Was ist umami einfach erklärt?
Alle Menschen besitzen die dafür spezialisierten Rezeptoren. Das Wort umami stammt aus dem Japanischen und bedeutet so viel wie **"wohlschmeckend", "köstlich und würzig"**.

Zu umami zählt auch die Geschmacksrichtung fleischig.

Diese 10 Lebensmittel enthalten "Umami"
> Tomaten.
> Pilze (z.B. Champignons, Shiitake)
> Sojasauce.
> Parmesan und andere würzige Käsesorten.
> Fisch (z.B. Thunfisch, Sardinen)
> Fleisch (z.B. Rindfleisch, Schweinefleisch)
> Algen (z.B. Nori, Kombu)
> Hefeextrakte.

* * *

Ein passendes Rezept Umami selbst herzustellen finden Sie in der Ruprik: „ Verschiedene Soßen „.

* * *

ALKOHOLFREIE GETRÄNKE

Sommerlicher Erdbeer-Kefir-Drink

Zutaten:

450 g	Erdbeeren
0,5	Limette
1,5 EL	Rohrohrzucker
1 Pck	Vanillin-Zucker
500 ml	Kefir
etwas	Zitronenmelisse

Zubereitung:

- Saft der Limette auspressen.
- Mit Erdbeeren und Vanille-Zucker fein pürieren.
- Gut gekühlten Kefir unterrühren.
- In Gläser füllen, mit Zitronenmelisse verziert servieren.

* * *

Eistee mit Pfefferminze und Limette

Zutaten:
3 TL   getrocknete Pfefferminze
              (Alternativ: 2 Beutel Bio Pfefferminztee)
1 Liter   kochendes Wasser
4   Scheiben einer unbehandelten Limette
1 Stängel   frische (Pfeffer-) Minze
6   Eiswürfel

Zubereitung:
- Die getrocknete Pfefferminze klein hacken und in ein hitzebeständiges Gefäß geben (wer sich das Abgießen sparen möchte, kann auch ein Teeei oder einen Teefilter verwenden).
- Anschließend die Pfefferminze mit dem kochenden Wasser übergießen und 6-8 min ziehen lassen.
- Nach der Ziehzeit den Tee über einem Sieb abgießen (oder den Teebeutel, -filter etc. herausnehmen) und in ein Gefäß mit Eiswürfeln füllen.
- So kann der Tee schnell abkühlen und Sie vermeiden die Bildung von unangenehmen Bitterstoffen.
- Alles bei Raumtemperatur weiterabkühlen lassen.
- Wer es kühler mag, kann den Tee auch für kurze Zeit in den Kühlschrank stellen.
- Die Limettenscheiben und die frische (Pfeffer-) Minze erst kurz vor dem Trinken hinzugeben, damit der Geschmack nicht zu intensiv wird bzw. die Säure der Limette nicht zu sehr hervortritt.

15

Varianten:
- Statt Limette kann auch Zitrone verwendet werden.
- Wer es etwas schärfer mag, kann z.B. auch 2-3 Scheiben frischen Ingwer in den Tee Sud geben und   mitziehen lassen.

* * *

Kräutereistee mit Thymian

Zutaten:
Früchte nach Belieben zum Aufbrühen und Anrichten (z. B. Zitronen-, Orangen- oder Pfirsichstücke)

1 Handvoll	Zitronenmelisse, frische
1 Handvoll	Thymian, frischer
1 bis 1 ½ TL	Fenchelsamen
2 TL	Minze, getrocknet oder auch frisch
1 Stück	Ingwer
	Eiswürfel
1 TL	Zitronensaft
2 EL	Rohrzucker, brauner oder Agavendicksaft

Zubereitung:
- Die Früchte zum Aufbrühen in eine Teekanne geben.
- Die Zitronenmelisse, den Thymian, die Fenchelsamen, die getrocknete Minze und den Ingwer in das Sieb der Teekanne geben.
- Mit heißem Wasser (98 Grad) aufgießen.
- Deckel   drauf, da die Inhaltsstoffe der Kräuter

sich zu   schnell   verflüchtigen.
- 6 Minuten ziehen lassen.
- Über Eis runter kühlen.
- Mit Zitronensaft, braunem Zucker oder Agavendicksaft abschmecken.
- Auf Eiswürfel mit Fruchtstücken von Zitrone, Orange   oder Pfirsich servieren.

* * *

Kiwi Breeze

Zutaten:

2 TL	Jasmin-Tee
2 cl	Kiwisirup
2 cl	Bananensirup
	Eiswürfel
2 halbe	Scheiben Kiwi
	Alkoholfreier Sekt

Zubereitung:
- Den Jasmin-Tee in einen Shaker füllen, mit Kiwisirup,   Bananensirup und Eiswürfel shaken.
- Das Teegemisch in ein Cocktailglas mit Eiswürfeln und den Kiwischeiben geben und mit alkoholfreiem   Sekt   aufgießen.

* * *

Erfrischend, exotisch, alkoholfrei
der Cocktail Vanilla de Coco

Zutaten:

300 ml	Kokoswasser
3-4 EL	Kokosflakes
	Kokosblütensirup
2	Orangen
1	Babybanane
1	Limette
1	Vanilleschote
1/2	Longdrinkglas Crushed Ice (zerstoßenes Eis)

Zubereitung:

- Zuerst den Saft beider Zitrusfrüchte auspressen und   in einem Mixer mit Kokoswasser mischen.
- Das Mark einer Vanilleschote auskratzen, dazu die Vanilleschote der Länge nach halbieren und mit dem - Messerrücken über jede Hälfte fahren und dabei das   Mark entnehmen.
- Der Mischung zufügen.
- Babybanane schälen und zusammen mit

Kokosflakes ebenfalls zufügen.
- Alles in einem Mixer pürieren.
- Probieren, gegebenenfalls mit ein paar Spritzern Kokosblütensirup abrunden.
- Den fertigen alkoholfreien Cocktail gleichmäßig auf zwei Longdrinkgläser verteilen und Crushed Ice hinzufügen.

* * *

Erfrischungsgetränk ohne Zucker

Zutaten:

3 Beutel	Früchtetee
500 ml	Mineralwasser, spritzig
500 ml	Apfelsaft
1	Bio-Orange, etwas Saft und
1 EL	Abrieb davon
1	Bio-Zitrone, etwas Saft und
1 EL	Abrieb davon
1 TL	Ingwer, geraspelt
etwas	Zitronenmelisse,
nach Bel.	Pfefferminze

Zubereitung:
- Aus dem Früchtebeuteltee 1 Liter Teewasser kochen und abkühlen lassen.
- Übrige Zutaten, bis auf das Mineralwasser, zum Tee geben und abkühlen lassen.
- Vor dem Servieren die festen Bestandteile absieben und mit Mineralwasser auffüllen.

Tipps:
- Auf eiskalte Getränke sollten Sie bei heißem Wetter   verzichten!
- Sie löschen nur vorübergehend den Durst und führen   zu vermehrtem Schwitzen.
- Auch können eiskalte Drinks Magenbeschwerden verursachen, wenn sie zu hastig getrunken werden.

* * *

Bier-Cocktail mit alkoholfreiem Weizenbier

Zutaten:

2 cl	Limettensaft
4	Eiswürfel
4 cl	Bananensaft
4 cl	Mangosaft
1 cl	Grenadine (je nach gewünschter Süße)
200 ml	alkoholfreies Weizenbier

Außerdem:

1	Glas
1	Strohhalm

Zubereitung für ein Glas:
- Limette einige Male hin- und her rollen (so gibt die Limette mehr Saft ab), halbieren und auspressen.
- Eiswürfel, Limettensaft, Bananensaft und Mangosaft   in ein Glas geben.
- Die gewünschte Menge Grenadine dazu mischen.
- Mit dem Weizenbier auffüllen.
- Mit dem Strohhalm leicht umrühren, damit die

Kohlensäure nicht zu sehr entweicht.

Tipp: Eine Limettenscheibe am Glasrand.

* * *

Gurkendrink

Zutaten:

1	Salatgurke, klein
0,5 TL	Zucker
1	Bio-Zitrone, Saft und
4	Streifen Schale davon
8	Eiswürfel
500 ml	Tonic-Water

Zubereitung:
- Die Gurke schälen und in Stücke schneiden.
- Mit dem Zucker und Zitronensaft sehr fein pürieren bzw. mixen.
- Gurkensaft auf Gläser verteilen.
- Eiswürfel und Zitronenstreifen zugeben.

- Mit Tonic-Water auffüllen.

Tipp:
- Wer mag, gibt noch einen Schuss Gin dazu und
  1-   2   zerdrückte Wacholderbeeren.

* * *

Tee-Cocktail "Frühlingserwachen"

Zutaten:

6 cl	Grüntee "Grün Matinee" (mit vielen Blüten)
1 ½ cl	Holunderblütensirup
0,2 cl	Buttermilch
1 großes	Bällchen Zitronensorbet
Essbare	Blüten
	Strohhalm

Zubereitung
- Grüntee mit Blütenaromen, kräftig aufgießen
  (doppelte Menge auf´s Kännchen) und kurz eine
  Minute ziehen lassen.
- Dann über Eis geben und kalt schocken.
- Alle Zutaten zusammen in den Mixer geben und
  aufmischen.
- Im großen Longdrink–Glas mit essbaren Blüten
  und   Strohhalm servieren.

* * *

Erdbeer-Waldmeister Drink

Zutaten:
100 g	Erdbeeren, frisch
1 TL	Waldmeistersirup
0,2 Liter	Weißwein, alkoholfrei
Crash	Eis

Für die Dekoration:
2	Erdbeeren

Außerdem:
2	Weingläser

Zubereitung
- Die Erdbeeren waschen, putzen, Erdbeerstrunk entfernen und in einem hohen Gefäß mit Waldmeistersirup pürieren.
- Erdbeer-Waldmeister-Püree in zwei Weingläser verteilen, mit jeweils 0,1 l alkoholfreiem Weißwein auffüllen und Crash Eis zugeben.
- Für die Dekoration die beiden Erdbeeren im unteren Teil einmal quer bis zur Mitte der Erdbeere vorsichtig einschneiden und an den Glasrand stecken.

Tipp:
- Wer kein Crash Eis hat, aber Eiswürfel, der kann die Eiswürfel in ein Handtuch packen und dann auf eine Arbeitsplatte oder auf ein Brett schlagen.
- So schnell hat man Crash Eis.

Hollerini

Zutaten:
½   Orange
20 ml Zitronensaft
10 ml Grenadine
1 Fl Schwarzwald-Sprudel-Holunderblüte

Zubereitung:
- Saft von ½ Orange, Zitronensaft und Grenadine auf Eis shaken.
- Mit dem Sprudel aufgießen.
- Nach Belieben mit einer halben Orangenscheibe dekorieren.

* * *

Hot Apocalada

Zutaten:
250 ml   Apfeltee
250 ml   Schwarzwald-Sprudel Apocalada
je ½   Apfel und Orange
1   Zimtstange
1 TL   Mandelsirup

Zubereitung:
- Apfeltee zubereiten und 10 Minuten ziehen lassen.
- Schwarzwald-Sprudel Apocalada und Apfeltee zu gleichen Teilen zusammen mit Apfelstücken, Orangenvierteln, Zimtstange und dem Mandelsirup vorsichtig erhitzen.
- Im Glühweinglas servieren.

Big Apple

Zutaten:

2 St	Frische Minze
1 TL	Rohrzucker
1/8	Limette
1 Fl	Schwarzwald-Sprudel Apfelschorle

Zubereitung:
- Frische Minze mit Rohrzucker in ein Glas geben.
- Limette ausdrücken und dazu geben.
- Mit Crushed Eis auffüllen und bis zum Rand mit Schwarzwald-Sprudel Apfelschorle aufgießen.
- Umrühren – fertig zum Genießen.

* * *

BROTE UND PIZZA
* * *
BROTE

Eiweißbrot

Zutaten:

250g	Magerquark
200g	Dinkelmehl
1 EL	Olivenöl
1/2 TL	Backpulver

Zubereitung:
- Alle Zutaten gut vermischen.
- In eine längliche, gefettete Backform geben und bei 180 Grad, 30-35 min. backen.

* * *

Italienisches Osterbrot

Zutaten:

500 g	Mehl
20 g	frische Hefe
60 g	Zucker
4 EL	lauwarme Milch
6 kleine	Eier
1 Prise	Salz
400 g	weiche Butter
1	Eigelb
	Hagelzucker zum Bestreuen

Zubereitung:
- Das Mehl in eine große Schüssel geben und in die Mitte eine Mulde drücken.
- Die Hefe hinein bröckeln und mit Zucker sowie der lauwarmen Milch verrühren.

- Zugedeckt ca. 15 Min. gehen lassen.
- Dann Eier, Salz sowie Butter zufügen und alles zu   einem elastischen Hefeteig verkneten.
- Den Teig zu einer Kugel formen in eine einer bemehlten Schüssel zugedeckt an einem warmen und zugfreien Ort ca. 60 Min. gehen lassen.
- Nun den Teig erneut kräftig kneten und wieder zu einer Kugel formen.
- Weitere 30 Minuten gehen lassen.
- Inzwischen den Ofen auf 180 Grad vorheizen.
- Mit einem scharfen Messer ein Kreuz in die Brotmitte   schneiden.
- Nun die Teigkugel mit verquirltem Eigelb bestreichen.
- Mit Hagelzucker bestreuen und auf einem mit - Backpapier ausgelegten Blech in 45 -50 Min. goldbraun backen.
- Dann lauwarm oder abgekühlt servieren.

* * *

Kaffee – Bananen – Brot

Zutaten:
300 g Bananen
2   Eier
150 g gemahlene Haferflocken
50 g   gemahlene Mandeln
50 g   gehackte Mandeln
10 g   Kakao
2 TL   Zimt
100 g Magerquark
1 EL   kochendes Wasser

2 TL	Instant-Kaffee
1 Pck.	Backpulver
1 Pr.	Salz

Zubereitung:
- Die Bananen fein mixen oder mit einer Gabel klein drücken und mit allen restlichen Zutaten mischen.
- Den Instant-Kaffee zuvor mit dem kochenden Wasser mischen, alternativ können auch 1-2 EL starker normaler Kaffee verwendet werden.
- Den Teig in eine gefettete Kastenform füllen und im vorgeheizten Ofen für 40 Minuten bei 180°C Ober-/Unterhitze backen.

Tipps:
- Sie können das Brot mit Marmelade, Honig oder auch mit Erdnussbutter bestreichen.
- Lecker schmeckt es aber auch mit Käse oder Quark.

* * *

Linsenbrot

Zutaten:
500 g	Rote Linsen
300ml	Wasser,
50g	Öl,
2 TL	Salz
1 Pck	Trockenhefe

Zubereitung:

- Die 500g rote Linsen solltest du über Nacht in Wasser legen, damit sich aufquellen können und   schön weich werden.
- Die abgewaschenen Linsen kommen nun in einen Hochleistungsmixer zusammen mit dem Wasser, dem Öl, dem Salz und der Trockenhefe.
- Auf höchster Stufe wird der Inhalt für 30 Sekunden püriert. Im Anschluss für 30min abgedeckt ruhen gelassen.
- Währenddessen sollte eine Kuchenform vorbereitet und mit Backpapier ausgelegt werden
- Nach den 30min kommt der cremige Teig in die Kuchenform und wird bei 200 Grad 45 min gebacken.

Tipps:

- Der Brotteig kann vor dem Backen z.B. mit Sesam oder anderen Körnern dekoriert werden.
- Etwas warm schmeckt das Brot besonders lecker.

* * *

Türkisches Fladenbrot

Zutaten

150 ml	Milch
150 ml	Wasser
15 g	frische Hefe
1 TL	Honig
490 g	Weizenmehl Typ 405
2 EL	Olivenöl

1 TL	Salz

Außerdem

1 EL	Joghurt
2 EL	Olivenöl
1 TL	Schwarzkümmel
1 TL	Sesam
1 EL	Mehl für die Schüssel

Zubereitung:

- Die Milch und das Wasser in eine Schale geben und   lauwarm erhitzen.
- Honig und Hefe in der Milchmischung auflösen und   abgedeckt 10 Minuten an einem warmen Ort gehen   lassen.
- Das Mehl mit dem Salz in eine Rührschüssel geben   und vermengen.
- Das Öl und die Hefemischung zum Mehl geben und
  alles gründlich zu einem glatten Teig verkneten (mindestens 5 Minuten durchkneten).
- Den Teig aus der Schüssel lösen und auf ein mit Backpapier belegtes Backblech legen.
- Mit den Händen den Teig auf 30 cm rund ausarbeiten (oder du machst daraus zwei kleinere Fladenbrote a   15 cm Durchmesser).
- Das Fladenbrot mit einem sauberen Küchentuch abdecken und weitere 30 Minuten an einem warmen   Ort gehen lassen.
- Den Ofen auf 180 Grad Umluft vorheizen.
- Mit den Fingerkuppen das typische Muster in den Teig drücken (rund mit Abstand am Rand entlang und   Linien in der Mitte).

- Den Joghurt mit dem Öl vermischen und das Fladenbrot damit bepinseln.
- Mit Schwarzkümmel und Sesam bestreuen und das   Fladenbrot etwa 15 bis 20 Minuten goldbraun   backen.
- Lass es auf einem Rost abgedeckt mit einem Küchentuch abkühlen, dann bleibt es schön soft.

Vielen Dank an Abdul für dieses tolle Rezept.

* * *

Quarkbrot

Zutaten:
250g   Magerquark
200g   Dinkelmehl Typ 630
100g   Weizenmehl Typ 405
2   Eier
40ml   lauwarmes Wasser
7g   Trockenhefe

Zubereitung:
- Als erstes musst du den Magerquark mit dem

lauwarmen Wasser und Trockenhefe vermengen und verrühren.
- Anschließend fügst du das Mehl und die Eier hinzu und verrührst/knetest es zu einem Teig.
- Vorher die Arbeitsfläche und Hände mit Mehl bedecken, das hilft dir sehr für den klebrigen Teig.
- Anschließend lässt du den Teig abgedeckt an einem warmen oder für mindestens 60min gehen.
- Danach formst du ihn zu einem schönen Brot, schneidest nach Bedarf das Brot ein und gibst es für   35-   40min Unter-/Oberhitze bei 180Grad in den Ofen.
- Abkühlen und Schmecken lassen.

* * *

Mediterranes Brot

Zutaten:

250 g	Mehl, sowie Mehl zum Arbeiten.
1 Pck	Trockenhefe
1 EL	Salz
5 EL	Olivenöl
5 Zweige	Rosmarin
grobes	Salz zum Bestreuen
50 g	getrocknete Tomaten
50 g	Oliven, entsteint
150 g	gesalzene Butter

Zubereitung:
- Mehl mit Hefe, Salz, 2 EL Öl und 175 ml. - Lauwarmem Wasser verkneten.

- Zugedeckt 30 Minuten gehen lassen.
- Teig auf einer bemehlten Arbeitsfläche oval, ca. 20 x   30 cm, ausrollen.
- Auf ein mit Backpapier ausgelegtes Backblech leben und mit den Fingern Mulden hinein drücken.
- Zugedeckt 15 Minuten gehen lassen.
- Backofen auf 200 Grad, Umluft auf 180 Grad, vorheizen.
- Rosmarinnadeln, Restliches Öl und etwas grobes Salz auf dem Brot verteilen.
- Nun ca. 20 Minuten backen.
- Tomaten und Oliven hacken, mit Butter verkneten.
- Brot mit der Würzbutter servieren.

* * *

Zucchini Brot

Zutaten:
3   Eier
200 g Zucker
1   Schale einer Zitrone, gerieben
2 EL   Zitronensaft
120 ml zerlassene Butter
¼ TL   Salz
1 TL   Vanille-Extrakt oder Vanillezucker
1 Pr.   Zimt
230 g Zucchini gerieben
250 g glattes Mehl, W 480
½ Pck Backpulver für 250 g Mehl, Weinstein-Backpulver

Zubereitung:

- Einer, Zucker, Zitronenschale, Zitronensaft, Butter, Salz, Vanille und Zimt in einer großen Rührschüssel mit einem Schneebesen vermengen.
- Zucchini mit einem Löffel entkernen und grob reiben.
- Die grobe Seite einer Vierkantreibe reicht dafür gut.
- Die gerieben Zucchini nicht ausdrücken oder entwässern, sonder direkt nach dem Reiben verarbeiten.
- Geriebene Zucchini in die Teigmasse einrühren.
- Mehl und Backpulver zugeben und kurz vermengen.
- Eine Kastenform, ca. 13 x 23 cm, ölen, oder mit - Backpapier auslegen und mir der Kuchenmasse befüllen.
- Das Zucchini Brot im vorgeheizten Backofen bei 160   Grad Heißluft, 175 Grad Ober- und Unterhitze,   backen.
- Wenn es golden ist, mit der Stäbchenprobe nachprüfen, dass der Teig nicht mehr kleben bleibt.
- Backzeit ca. 50 Minuten.

* * *

PIZZA

Tomatenpizza

Zutaten:

500 g	Mehl
	Salz
11 EL	Olivenöl
1 Würfel	Hefe
1 kl.	Zwiebel
1	zerdrückte Knoblauchzehe
200 g	passierte Tomaten
etwas	weißer Pfeffer
1 Topf	Basilikum
1,2 kg	Tomaten
3 Pck.	Mozzarella
	Mehl zum Ausrollen
	Backpapier

Zubereitung:

- In eine Schüssel Mehl, 1 TL Salz und 10 EL Öl geben.

- Hefe in ¼ L lauwarmem Wasser auflösen und dann zufügen.
- Mit den Knethaken glatt verkneten.
- Zum Schluss kurz mit den Händen durchkneten.
- Zudeckt an einem warmen Ort 30 Min. gehen lassen.
- Zwiebel schälen und fein würfeln.
- Zwiebel und Knoblauch in 1 EL Öl andünsten.
- Passierte Tomaten zufügen und aufkochen lassen.
- Salzen, pfeffern und 5 Minuten köcheln lassen.
- Die Hälfte der Basilikumblätter in Streifen schneiden und zur Sauce geben.
- Diese nun abkühlen lassen.
- Tomaten und Käse in Scheiben schneiden.
- Teig verkneten und dann halbieren.
- Je zwei runde Pizzas von 28 – 30 cm ausrollen.
- Auf mit Backpapier belegte Bleche geben.
- Zugedeckt 15 Minuten gehen lassen.
- Mit Sauce bestreichen und mit den Tomaten- und Käsescheiben belegen.
- Nach Geschmack würzen.
- Einzeln, oder bei Umluft zusammen im vorgeheizten Ofen bei 200 Grad, Umluft bei 180 Grad, 30 Minuten backen.
- Mit den restlichen Basilikumblättchen garnieren.

* * *

Pizzateig für viele Variationen

Zutaten:
800 g   Weizenmehl Typ 550
480 g   Wasser

5 g	Hefe
20 g	Salz
100 g	Lievito Madre
	kann auch weg gelassen werden,
	dann aber 10 g Hefe verwenden.
25 g	Olivenöl

Zubereitung:
- Mehl, Salz, Hefe, Wasser (noch nicht gleich die volle   Menge) Lievito Madre und Olivenöl in eine Schüssel   geben und den Teig ca. 5 kneten.
- Dann in eine größere Schüssel mit Deckel umfüllen, nochmals kneten und ein paar mal falten.
- Die Schüssel mit Deckel verschließen und min. 4 Stunden bei Raumtemperatur gehen lassen.
- Je länger der Teig reifen darf, desto besser schmeckt   er.
- Den Teig in 4-6 Stücke teilen, ausrollen und nach Geschmack belegen.
- Im Backofen bei 240 C Ober-Unterhitze backen.

Tipp: In gut sortierten Märkten, gibt es Lievito Madre fertig zu kaufen.

DESSERTS UND KUCHEN

* * *

DESSERTS

Waldbeeren Tiramisu

Zutaten:

250 g	Waldbeeren, frisch oder gefroren
400 g	Philadelphia – Joghurt
200 g	Joghurt
2 EL	Zitronensaft
4 EL	Zucker
125 g	Löffelbiskuits
100 ml	Orangensaft

Zubereitung:
- Tiefgekühlte Waldbeeren-Mischung auftauen und abtropfen lassen.
- Philadelphia, Joghurt, Zitronensaft und Zucker mit dem Handrührgerät verrühren.
- Die Hälfte der Löffelbiskuits in Orangensaft

tauchen und den Boden einer Kastenform,
da. 25 x 11 cm , auslegen.
- Eine zweite Lage Löffelbiskuits darauf schichte
und mit dem übrigen Orangensaft beträufeln.
- Die restliche Philadelphia-Creme darauf verteilen.

* * *

Mandelcreme

Zutaten für 4 Portionen:
200 g	Doppelrahm – Frischkäse
250 g	Sahnequark
3 EL	Kandiere Früchte nach Belieben
1-2 EL	Mandellikör

Wenn Kinder mitessen, kann man auch einen Fruchtsaft
nehmen!
2 EL	Zucker
100 g	Amarettini, ital. Mandelgebäck
	(Achten Sie darauf, dass es ohne
	Alkohol ist!)
etwas	Kakao zum Bestäuben

Zubereitung:
- Frischkäse mit Quark verrühren.
- Früchte fein hacken und unterheben.
- Mit Likör bzw. Saft und Zucker abschmecken.
- Amarettini zerbröseln.
- Creme in Schälchen oder Tassen füllen.
- Mit Amarettinibröseln und mit Kakao bestäuben.

* * *

Nektarinen – Tiramisu

Zutaten:

100 g	weiße Schokolade
250 g	Mascarpone
100 ml	Pfirsich oder Aprikosennektar oder – Saft
2 EL	Zitronensaft
2	Nektarinen
24	Löffelbiskuits
50 ml	Espresso , aufgebrüht
einige	weiße Schokospäne

Zubereitung:
- Schokolade hacken und über dem heißen Wasserbad schmelzen lassen.
- Dann mit Mascarpone verrühren.
- Nun 2 EL Nektar oder Saft und den Zitronensaft - unterrühren.
- Übrigen Saft mit dem Espresso mischen.
- Nektarinen waschen, halbieren, entsteinen und in Spalten schneiden.
- Pro Person 6 Biskuits mit Espresso-Mix tränken und   mit Mascarpone-Creme und Nektarinen auf einen Teller schichten.
- Mit den Schokospänen garnieren.

* * *

Cremiges Schokoladeneis

Zutaten:

2 Becher	Sahne
1 Dose	Kondensmilch

2 Tassen	Milch
1 Tasse	Schokoladenpulver
160 g	gehackte Schokolade
evtl.	fein gemahlene Schokolade zum Bestreuen.

Zubereitung:

- Sahne steif schlagen, die Kondensmilch und die Milch hinzufügen.
- Alles gut verrühren.
- Nun das Schokoladenpulver unterheben und die gehackte Schokolade dazu geben.
- Nun kann man die Mischung in eine passende Glasschale füllen, nach Geschmack mit gemahlener Schokolade bestreuen und für gut 12 Stunden in den Kühlschrank stellen.

* * *

Espresso – Nachtisch

Zutaten pro Person:
1   Schokokuss
1   Espresso
1   kleines Schüsselchen

Zubereitung:
- Schneiden Sie den Deckel vom Schokokuss ab.
- Entnehmen Sie etwas von der Eischneecreme.
- Füllen Sie nun ein Espresso am Besten direkt in den Schokokuss ein.
- Vorsichtig mit einem Löffelchen den Espresso und die Eischneecreme mischen.
- Dann für gut 30 Min. in den Gefrierschrank stellen.
- Sooooo lecker.

Für Kinder:

Gleiche Vorgehensweise, aber statt Espresso nehmen Sie kalte Schokomilch.

* * *

Panna Cotta mit Himbeeren

Zutaten:
4 Blatt weiße Gelatine
1   Vanilleschote
½   unbehandelte Zitrone
350 g   Schlagsahne
40 g   Zucker
200 g   Himbeeren
2 EL   Puderzucker
einige   Minzeblätter

Zubereitung:

- Gelatine einweichen, Vanilleschote längs einritzen und das Mark heraus kratzen, und die Zitronenschale abreiben.
- Nun die Vanilleschote und das -mark, die Zitronenschale, Sahne und den Zucker aufkochen.
- Unter rühren ca. 5 Minuten köcheln lassen.
- Durch ein Sieb in einen Topf gießen.
- Die Gelatine nun ausdrücken und unter rühren im Topf auflösen.
- Auf vier Förmchen mit je ca. 100 ml Inhalt verteilen.
- Nun für mindestens 3 Stunden kalt stellen.
- Die Beeren verlesen und einige zum Verzieren beiseite legen.
- Mit Puderzucker mischen und kurz ziehen lassen.
- Dann die Früchte pürieren und durch einen Sieb streichen.
- Panna Cotta vom Rand lösen, dafür die Förmchen kurz in heißes Wasser tauchen.
- Stürzen und mit der Himbeersauce und den restlichen Himbeeren und Minzeblättchen anrichten.

* * *

Zitrusfrüchte Salat

Zutaten:

1   Bio Limette
3 TL   Honig
etwas   frische Pfefferminze
2   Orangen

43

2   rosa Grapefruits
400 g Sahnejoghurt
         Zimt
1 kl.   Granatapfel

Zubereitung:
-       Limette heiß abbrausen, oder noch besser, in
        Natronwasser gut abwaschen.
-       Trockenreiben und die Hälfte der Schale in feinen
        Streifen abschälen.
-       Die Frucht auspressen.
-       2 EL Limettensaft und 1 TL Honig verrühren.
-       Pfefferminze abbrausen, gut abtrocknen und in
        feine   Streifen schneiden, diese unter die
        Mischung rühren.
-       Orangen und Grapefruits dick schälen.
-       Die Fruchtfilets mit einem scharfen Messer
        zwischen -   den weißen Trennwänden
        herauslösen.
-       Filets mit Honig-Limetten-Saft beträufeln und ca.
        20   Min. ziehen lassen.
-       Joghurt mit übrigem Honig und Zimt verrühren.

- Den Rest Limettensaft unterziehen.
- Die Filets mit der Limettenschale auf Tellern anrichten.
- Granatapfel vorsichtig aufbrechen und die Kerne heraus lösen, dann über die Früchte streuen.
- Mit der Joghurtcreme und evtl. Pfefferminze servieren.

* * *

Heidelbeer – Pfannkuchen

Zutaten:

60 g	Butter
150 g	Sauerrahm
2 EL	Orangensaft
250 g	Heidelbeeren
250 g	Mehl
1 Prise	Salz
1 EL	Zucker
2 TL	Backpulver
375 ml	Buttermilch
1	Ei
3 EL	Sonnenblumenöl

Zubereitung:
- Den Backofen auf 75 Grad vorheizen.
- Die Butter zerlassen, den Sauerrahm mit Orangensaft glattrühren.
- Die Heidelbeeren gründlich waschen und mit Küchenpapier trocken tupfen.
- Mehl, Salz, Zucker und Backpulver mischen.
- Buttermilch und Ei verquirlen, dann mit der

Mehlmischung sowie 2 EL flüssiger Butter zu einem   glatten Teig verrühren.
- Die Heidelbeeren vorsichtig unterheben.
- Das Sonnenblumenöl portionsweise in einer beschichteten Pfanne erhitzen.
- Pro Pfannkuchen je 1 EL Teig in der Pfanne zu einem   ca. 8 cm großen Kreis ausstreichen.
- Die Pfannkuchen pro Seite ca. 6 Min. backen.
- Aus der Pfanne nehmen und auf Küchenpapier abtropfen lassen und warm stellen.
- Mit flüssiger Butter, Orangenrahm, Heidelbeeren und   evtl. frischer Minze anrichten.

* * *

Erdbeer – Sahnetütchen

Zutaten:

4	Eier
230 g	Zucker
1 Prise	Salz
125 g	Mehl
100 g	Stärke
1 TL	Backpulver

500 g	Erdbeeren
250 g	Quark
200 ml	Sahne

Zubereitung:
- Aus Backpapier 3 Teller große Kreise ausschneiden und halbieren.
- 6 Kelchgläser bereit stellen.
- Den Backofen auf 180 Grad, ohne Umluft vorheizen.
- Eier trennen, Eigelbe und 2 EL warmes Wasser schaumig schlagen.
- Nun 200 g Zucker einrieseln lassen und die Masse cremig rühren.
- Eiweiß mit Salz steif schlagen und unter die Eigelbmasse unterziehen.
- Mehl, Stärke und Backpulver mischen und unterheben.
- Je 3 Halbkreise auf ein Blech legen, dünn mit Biskuitmasse bestreichen und 5 Min. backen.
- Vom Papier lösen zu Tütchen formen und in die Gläser stellen.
- Wenn sie abgekühlt sind, kann man sie heraus nehmen.
- Erdbeeren waschen, putzen und vierteln.
- Quark mit übrigem Zucken verrühren.
- Die Sahne steif schlagen und unterheben.
- Quarkmasse in die Biskuittütchen spritzen, mit den Erdbeeren und evtl. frischen Minzeblättchen garnieren.

* * *

Apfel – Schoko - Dessert

Zutaten:

4	Äpfel
250 g	dunkle Schokolade
Spritzer	Vanille (optional)

Zubereitung:
- Äpfel schälen, klein schneiden und zu Mus kochen.
- Schokolade schmelzen lassen.
- Mus abgießen, dann mit der flüssigen Schokolade mixen.
- Etwas Vanille dazu geben.
- Alles gut vermischen.
- In eine runde Auflaufform geben und kühl stellen.
- Dann stürzen, etwas flüssige Schokolade darüber geben und mit Kakao betäuben.

* * *

KUCHEN

48

Zitronen – Napfkuchen

Zutaten:

250 g	Butter
250 g	Zucker
1 Pck	Vanillezucker
1 Prise	Salz
6	Eier
500 g	Mehl
1 Pck	Dessert – Soßen – Pulver für ½ L Milch zum Kochen
1 Pck	Backpulver
2	abgeriebene Schalen von 2 Zitronen
200 g	Puderzucker
3 EL	Zitronensaft
100 g	Schlagsahne
Etwas	Zitronenfrucht zum Verzieren.

Zubereitung:

- Fett, Zucker, Vanillezucker und Salz cremig rühren.
- Eier einzeln unterrühren.
- Mehl, Soße- und Backpulver mischen und hinzu fügen.
- Abwechselnd Zitronenschale und -saft unterrühren.
- Teig in eine gefettete Napfkuchenform fülle.
- Im vorgeheizten Ofen bei 175 Grad, Umluft bei 155   Grad, 1 Stunde backen.
- Auskühlen lassen.
- Den Puderzucker 3 EL Zitronensaft und 2 EL Wasser   glatt rühren.
- Den Kuchen damit glasieren und trocknen lassen.

- Sahne steif schlagen und Tupfen auf den Kuchen setzen.
- Diese mit Zitronenschnittchen verzieren.

* * *

Schokokuchen mit Süßkartoffeln

Zutaten:
2 Süßkartoffeln, 700 g
400 g Zartbitterschokolade
1 EL Kakao zum Bestreuen

Zubereitung:
- Die Süßkartoffeln schälen, in Würfel schneiden und   in ausreichend Wasser für 10 – 15 Minuten kochen.
- „Gabeltest" machen, um den Garpunkt festzustellen.
- Anschließend in ein Sieb abgießen.
- Die Zartbitterschokolade über einem Wasserbad schmelzen.
- Die gekochten Süßkartoffeln und die geschmolzene   Schokolade in einen Mixer geben und auf mittlerer   bis hoher Stufe mixen, bis eine glatte Masse entsteht.
- Eine Springform mit Backpapier auslegen.
- Dann die Schokomasse darin verteilen und glattstreichen.
- Den Schokokuchen für mindestens 4 Stunden kühl stellen.
- Vor dem Servieren nach Belieben mit Kakao bestreuen.

Tipp: Der Kuchen lässt sich wunderbar mit Nüssen und Beeren nach deinem Belieben verfeinern.

* * *

Saftiger Quark – Kirschkuchen

Zutaten:

1 Pck.	TK Blätterteig, oder 2 aus dem Kühlregal
4	Eier
1 kg	Quark
200 g	Zucker
½	Zitrone, den Saft
1 Pck	Vanille-Puddingpulver
2 Gläser	Kirschen
2 cl	Rum, nach Geschmack

Zubereitung:
- Blätterteig ggfl. auftauen lassen.
- Ein mit Backpapier belegtes Backblech mit den Blätterteigquadraten überlappend belegen.
- Die Ränder gut andrücken und den Teig mit einer Gabel mehrmals einstechen.
- Das letzte Quadrat in zehn schmale Streifen schneiden und an die Ränder legen.
- Bei 180 Grad im Backofen vorbacken.
- Während dessen 2 Eier trennen, das Eigelb mit Quark, 150 g Zucker dem Zitronensaft, dem Vanille-Puddingpulver und evtl. dem Rum gut verrühren.
- Eiweiß mit dem restlichen Zucker steif schlagen und   unter die Quarkmasse heben.
- Masse auf den Blätterteig streichen.

- Nun die abgetropften Kirschen darüber verteilen.
- Und ca. 35 – 40 Minuten backen.

* * *

Bananen im Schlafrock

Zutaten für ca. 10 Stück:

1 Pck	TK Blätterteig
5	Bananen
1	Zitrone, davon der Saft
1	Eigelb
100 g	Kuvertüre

Zubereitung:
- Backofen auf 200 Grad vorheizen.
- Blätterteigquadrate nach Packungsanweisung auftauen lassen.
- Bananen schälen, längs halbieren und mit Zitronensaft beträufeln.
- Je eine Bananenhälfte diagonal auf ein Teigquadrat   legen.
- Jeweils die gegenüberliegenden Ecken zusammen   klappen und gut andrücken.
- Teig mit Eigelb bestreichen.
- Die Blätterteigteilchen auf ein mit Backpapier ausgelegtes Backblech legen.
- Und ca. 15 – 20 Minuten backen.
- Danach auf einem Kuchengitter abkühlen lassen.
- Die Kuvertüre nach Packungsanweisung erwärmen   und die Teilchen damit beliebig verzieren.

Omas bester Apfelkuchen

Zutaten:

300 g	Dinkelmehl
2 EL	Zucker
1 Prise	Salz
150 g	Butter
1	Ei
1 EL	Rum

Für die Füllung:

1 kg	Äpfel
2 EL	Zitronensaft
100 g	Zucker
1 EL	Zimt
100 g	gehackte Walnusskerne
etwas	Milch

Etwas Zimtzucker zum Bestreuen

Zubereitung:

- Aus den Zutaten einen Mürbeteig herstellen und
30 Minuten kalt stellen.
- Die Äpfel schälen, entkernen und klein schneiden.
- Mit Zitronensaft und Zucker vermischen und erhitzen.
- So lange kochen, bis die Flüssigkeit verkocht ist.
- Am Schluss den Zimt darüber geben und abkühlen   lassen.
- Den Mürbeteig auf ein Backblech legen und ausrollen.
- In der Mitte durchschneiden.
- Eine Teighälfte mit den Nüssen bestreuen und die Apfelmasse darauf streichen.

- Die zweite Teighälfte darauf legen und am Rand festdrücken.
- Mit der Milch bestreichen.
- Bei 180 Grad Ober-Unterhitze 35 Minuten backen.
- Den noch warmen Kuchen mit Zimtzucker bestreuen.

* * *

Marmeladen Kuchen

Zutaten:

200 g	Marmelade (nach Geschmack)
2	Eier
200 - 250 g	Mehl
60 g	Pflanzenöl
2 TL	Backpulver
1 Prise	Salz

Zubereitung:
- In einer Schüssel Marmelade mit 2 TL Backpulver zusammenmischen und 10 min ruhen lassen.
- Dazu noch 2 Eier, Prise Salz und 60 g Pflanzenöl geben und alles gut vermischen.
- Mehl durch das Mehlsieb dazu und alles gut verrühren.
- Den Teig in eine gefettete Backform (11×24) geben   und bei 180° 45- 50 min backen.
- Nach Wunsch mit Puderzucker bestreuen.

* * *

Ungarischer Quark – Kirschkuchen

Zutaten für den Teig:

200 g	Zucker
450 g	Mehl
3	Eier
210 ml	Milch
210 ml	Öl
1 Pck	Backpulver

Für die Quarkfüllung:

350 g	Quark
1	Ei
Puderzucker nach Bedarf	
750 g	Süßkirschen entsteint

Zubereitung:

- Zuerst die Eier und Zucker schaumig rühren.
- Portionsweise Milch und Öl, dann Mehl und Backpulver untermischen.
- Nun den Teig auf ein gefettetes Backblech verstreichen.
- Mit den entsteinten Kirschen gelegen.
- Verrühren Sie nun den Quark mit dem Ei und

setzten Sie kleine Häufchen zwischen die
Kirschen.
- Im vorgeheizten Backofen bei 185 Grad ca. 25
Minuten backen.
- Wer möchte, kann den Kuchen nach dem
Abkühlen   mit Puderzucker bestreuen.

* * *

DIPS UND SOßEN

Wer kennt sie nicht?
Leckere Dips, die man zu fast allem essen kann.
Auf diesen Seiten einige beliebte und vielseitige Rezepte.

Eine leckere Soße passt zu so vielen Gerichten.
Ob nun zu Spätzle, Spagetti oder Knödeln.
Hier nun einige verschiedene Rezepte, die Sie mit allem
Möglichen kombinieren können.

DIPS

Schwarzkümmelöl – Dip

Zutaten:

250 g	Magerquark
2 TL	Bio Schwarzkümmelöl
1 TL	Himalaya Kräutersalz
1 EL	griechischer Joghurt
optimal	Minze oder Petersilie

Zubereitung:
- Magerquark mit Öl, Salz und Joghurt mischen.
- Nach belieben mit gehackter Minze oder Petersilie verfeinern.

Tipp:
- Der Dip schmeckt super zu Pita - Brot oder Flachbrot.

* * *

Abchasische Adzhika

Dies ist eine sehr beliebte Soße / Dip aus dem Kaukasus.

Zutaten:

200 g	scharfer Pfeffer
40 g	Koriander
30 g	Dill
80 g	Walnüsse
25 g	Knoblauch
1 TL	Salz
1 EL	Olivenöl

Zubereitung:
-     Alles waschen, putzen, in ein Gefäß geben, und mit einem Mixer pürieren.

* * *

Dip mit Feta, Gurken und Knoblauch

Zutaten für 2-4 Portionen
1/2   Gurke
80g   Feta
200g   Magerquark
1-2   Knoblauchzehen
        Zitronenschale
20g   Honig
        Zitronensaft
1EL   Olivenöl
        Salz, Pfeffer
        Chiliflocken
        frische Petersilie

Zubereitung:
- Alle Zutaten zusammen mixen, anschließend mit Olivenöl, Salz, Pfeffer und Chiliflocken abschmecken.
- Zum Schluss noch mit frischer Petersilie verfeinern, nochmal gut umrühren und fertig ist dein Dip.
- Passt super zu Kartoffeln, Gemüse und Gegrilltem

* * *

Tomaten - Chutney

Zutaten:

2 kg	Tomaten
500 g	Zwiebeln
4	Knoblauchzehen
170 ml	Weißweinessig
3	Chilischoten
300 g	Rohrzucker
je 1 TL	Pfeffer, Senfpulver
1 EL	Paprikapulver

Zubereitung:

- Tomaten häuten, Zwiebeln und Knoblauchzehen abziehen und hacken.
- Mit dem Weißweinessig ca. 30 Minuten schmoren lassen.
- Die Chilischoten entkernen und hacken.
- Mit dem Rohrzucken, dem Pfeffer, dem Senfpulver und dem Paprikapulver zu den Tomaten geben.
- Nun weitere 90 Minuten köcheln lassen.

Tipps:

- Sofern Sie das Chutney nicht sofort brauchen, füllen Sie es in vorbereitete Gläser füllen und verschließen.
- So hält es im Kühlschrank ca. 2 Wochen.

* * *

Petersilien – Pesto

Zutaten:

1 Bund	glatte Petersilie, ca. 100 g
50 g	Erdnusskerne, geröstet und gesalzen
25 g	frisch geriebenen Parmesan
2	Knoblauchzehen
100 ml	Olivenöl
100 ml	Wasser
4	kräftige Prisen grobes Meersalz aus der Mühle
4	kräftige Prisen bunter Pfeffer aus der Mühle

Zubereitung:

- Petersilie waschen, trocken schütteln und groß schneiden.
- Parmesan fein reiben.
- Knoblauchzehen schälen und würfeln.
- Alle Zutaten, Petersilie, Erdnusskerne Parmesan, - Knoblauchzehen, Olivenöl, Wasser und je 4 Prisen Meersalz und bunter Pfeffer aus der Mühle in einen Mixer geben.
- Ca. 2-3 Minuten mixen und das Pesto in eine Schale füllen.   60

Cremiges Hummus

Zutaten:

1 Dose	Kichererbsen
1	Knoblauchzehe
2 EL	Zitronensaft
100 g	Tahin (Sesampaste)
4 EL	Olivenöl
1 TL	Salz
evtl.	etwas Natron

Zubereitung:

- Kichererbsen abtropfen lassen, dabei den Sud auffangen.
- Knoblauch schälen und grob hacken.
- Kichererbsen, Knoblauch, Zitronensaft, Tahin, Olivenöl und Salz pürieren, dabei ca.   8 EL Kichererbsensud unter mixen.
- Mit Salz abschmecken.
- Hummus in einer Schüssel nach Belieben mit Olivenöl, Sesam- oder Schwarzkümmelsamen und Kichererbsen anrichten.

* * *

Joghurt Dip

Zutaten:

250 g	Joghurt (Vollmilch- oder Sahnejoghurt)
100 g	Schmand (alternativ Crème fraîche oder Joghurt)
ca. 1TL	Zucker
	Salz

Pfeffer
Zitronensaft

Zubereitung:
- Joghurt und Schmand verrühren.
- Joghurt-Dip mit jeweils 1-2 gestr. TL Zucker und etwas Salz, sowie 1 Spritzer Zitronensaft und Pfeffer abschmecken.
- Nach Belieben mit weiteren Zutaten verfeinern.

Tipps:
- Fein gehackte frische **Kräuter** eignen sich sehr gut zum Verfeinern des Dips.
Z.B.: Petersilie, Minze, Kresse, Basilikum, Thymian, Schnittlauch, Dill, Koriander.
- Oder verwenden Sie zusätzlich noch weitere **Gewürze**.
Z.B.: Knoblauch, Curry, Paprika, Chili, Cayennepfeffer,
Oregano, Kreuzkümmel oder auch Ingwer.
- Aber auch fein gehacktes oder geriebenes **Gemüse** passt sehr gut.
Z.B.:Paprika, Gurken, Radieschen, getrocknete Tomaten.
- Wer will, kann aber auch: Honig, Senf, Tomatenmark, Oliven oder Olivenöl zusätzlich verwenden.
- Dieser Dip schmeckt auch ganz einfach als Brotbelag super.

* * *

SAUCEN

Jägersoße

Zutaten:

1 EL	Butter
1 kl.	Zwiebel, fein gehackt
1 EL	Tomatenmark
¼ L	Gemüsebrühe
4-5	Champignons in Scheibchen geschnitten
	Salz, Pfeffer
100 ml	Sahne
1 EL	Petersilie, fein gehackt.

Zubereitung:
- Butter in einer Pfanne schmelzen lassen.
- Die Zwiebel dazu geben und hell anschwitzen.
- Das Tomatenmark dazu geben und ebenso anschwitzen lassen.
- Nun die Champignonscheiben untermischen.

- Nun gut anbraten lassen, damit die Soße Farbe bekommt.
- Dann mit etwas Gemüsebrühe löschen.
- Salzen und pfeffern und den Rest der Brühe angießen.
- Zum Schluss die Sahne untermischen und mit Petersilie bestreuen.

* * *

Paprika – Mandel – Sauce

Zutaten

1	Knoblauchzehe
250 g	gegrillte Paprika aus dem Glas
40 g	Mandeln
150 g	Wasser
1 EL	(Reis-)Mehl
1 TL	Paprikapulver
1/2 TL	Thymian
1/2 TL	Kreuzkümmel
	Salz, Pfeffer

Zubereitung:
- Alle Zutaten in einen Mixer geben und zu einer feinen Masse pürieren.
- Die Soße in einen Topf geben und 5-7 Minuten köcheln lassen.
- Passt super zu Nudeln oder auch als Dip.

* * *

Zucchini – Sauce mit Fetakäse

Zutaten:

1/2	Zwiebel
400 g	Zucchini
120 g	Feta
100-150 g	Nudelwasser oder Gemüsebrühe
1 Handvoll	Frischer Basilikum
	Salz, Pfeffer
etwas	Olivenöl

Zubereitung:

- Die Zwiebel und Zucchini anbraten.
- Sobald beides gar ist, 200 g von dem Gemüse entnehmen und mit allen restlichen Zutaten fein pürieren.
- Je nach gewünschter Konsistenz kannst du mit der Menge des Nudelwassers variieren.
- Die Sauce zu dem restlichen Gemüse geben, noch einmal aufkochen lassen und servieren.

Tipps:

- Schmeckt super zu fast allen Arten von Nudeln.
- Aber auch als warmer Dip für Baguettewürfel sehr gut geeignet.

* * *

Umami – Gewürzpaste

Zutaten für 2 Gläser:

1 Tasse	getrocknete Pilze (z.B. Shiitake oder Mischpilze)
1/2 Tasse	Sojasauce
1/4 Tasse	Tomatenmark
2 Stück	Knoblauchzehen gehackt
1/4 Tasse	Parmesan gerieben
1 TL	brauner Zucker
1 TL	geriebener Ingwer
1/4 TL	Pfeffer schwarz
1/4 Tasse	Wasser

Zubereitung:

- Die getrockneten Pilze in einer Schüssel mit heißem Wasser übergießen und 30 Minuten einweichen   lassen, bis sie weich sind.
- Die Pilze abtropfen lassen und grob hacken.
- Die gehackten Pilze zusammen mit der Sojasauce,   dem Tomatenmark, dem Knoblauch, dem Parmesan,   dem Zucker, dem Ingwer und dem Pfeffer in einem Mixer oder einer

Küchenmaschine pürieren, bis eine   grobe
Paste entsteht.
- Die Umami-Gewürzpaste in einen Topf geben und
  bei   mittlerer Hitze erhitzen.
- Wasser hinzufügen und die Paste unter Rühren
  zum   Kochen bringen.
- Die Hitze reduzieren und die Paste ca. 5-10
  Minuten   köcheln lassen, bis sie etwas
  eingedickt ist und die Aromen gut miteinander
  vermischt sind.
- Die Paste erneut in einem Mixer oder einer
  Küchenmaschine pürieren, bis eine glatte Paste
  entsteht.
- Die Umami-Gewürzpaste in ein sauberes
  Glasgefäß   füllen und im Kühlschrank
  aufbewahren.
- Die Umami-Gewürzpaste ist im Kühlschrank ca. 3
  Wochen haltbar und kann auch gut eingefroren
  werden.

Quelle:
Herzlichen Dank Herrn Schnell von der Firma Hardecker,
für die Genehmigung dieses wunderbare Rezept
abdrucken zu dürfen.

https://www.harecker.de/blog/umami-gewuerzpaste-selber-herstellen/

* * *

Sauce Hollandaise mit Ei

Zutaten:
200 g	zerlassene Butter
4	Eigelb
2 EL	warmes Wasser
	Salz und Pfeffer

Zubereitung:
- Die Butter in einem Topf zerlassen und abkühlen lassen, den Schaum abschöpfen und wegschütten.
- In einer Schüssel (möglichst aus Edelstahl) – ein Topf geht auch – das Eigelb mit dem Wasser verrühren.
- Dann mit einem Schneebesen ca. 30 Sekunden lang cremig schlagen.
- Die Masse, am besten über Wasserbad, bei milder Hitze weitere 3 Min. schlagen.
- Dabei aufpassen, dass es nicht zu heiß wird, sonst gibt es Rührei – falls es doch mal zu heiß wird, sofort Eiswasser oder ein Eiswürfel dazugeben.
- Jetzt die abgekühlte Butter nach und nach einarbeiten.
- Zuerst nur wenig zugeben, dann in einem dünnen Strahl angießen (die Molke auf dem Topfboden möglichst nicht verwenden).
- Den Zitronensaft einrühren und mit Salz und Pfeffer abschmecken.

Tipp: für Soße Mataise nehmen Sie 1 EL Zitronensaft oder Orangensaft.

Spargelpesto

Zutaten für 4 Portionen:

300	grüner Spargel
30 g	Pinienkerne
30 g	Parmesan
2 EL	Olivenöl
	Salz, Pfeffer
1 kl.	Knoblauchzehe, nach Geschmack

Zubereitung:

- Den grünen Spargel vorbereiten, die Köpfe abschneiden und beiseite stellen.
- Die Spargelstücke grob zerkleinern und in Salzwasser 2-3 Minuten blanchieren.
- Im Eiswasser abschrecken.
- Die Pinienkerne in einer Pfanne ohne Fett bräunen.
- Den Parmesan fein reiben.
- Alle Zutaten pürieren, abschmecken und mit den ebenfalls blanchierten Spargelspitzen garniert lauwarm servieren.

* * *

Sauce Provencal

Zutaten:

1200 g	reife, aromatischen Eier- oder Flaschentomaten
5	gehackte rote Zwiebeln
6 EL	Olivenöl
1 Bund	glatte Petersilie
4	Knoblauchzehen, gehackt
3	Zweige Basilikumblätter, zerkleinert
1	Zweig Thymian
2 Stangen	Staudensellerie
2 Stangen	Lauch
2	Lorbeerblätter
	Meersalz
	Pfeffer aus der Mühle

Zubereitung:

- Die Zwiebeln in heißem Öl goldgelb dünsten, die geschälten und entkernten Tomaten dazugeben und kurz anschmoren.
- Dann das zerkleinerte Gemüse nebst den übrigen Zutaten in den Topf geben und dünsten lassen bis die Flüssigkeit eingekocht ist.
- Anschließend Thymianzweig und Lorbeerblätter entfernen, die Sauce grob pürieren und abschmecken.
- Als Basis für Nudeln, Reis oder als Beilage zu kurzgebratenem Fleisch, Geflügel oder Lamm.

* * *

Bratensoße aus Gemüsebrühpulver

Unter der Rubrik „ Gemüse „ finden Sie zwei Rezepte für selbst gemachtes Gemüsebrühpulver.
Hier nun die Ergänzung für eine herzhafte Bratensoße.

Zutaten:

200 g	Semmelbrösel
	(am besten von trockenem Schwarzbrot)
100 g	Gemüsebrühe, hier können Sie das selbstgemachte Brühpulver verwenden
100 g	getrocknete Röstzwiebeln
100 g	getrocknete Champignons
1 EL	Olivenöl
1-2	getrocknete Tomaten, Sellerie u.ä.
optional	Gewürze und Kräuter nach Geschmack

Zubereitung:

- Alle Zutaten in den Mixer geben, das Öl zum Schluss.
- Kräftig mixen, bis ein feines Pulver entsteht.
- Je höher die Drehzahl, um so feiner wird das Pulver.
- Fertiges Soßen-Pulver in Gläser abfüllen.

Tipps:

- Wenn Sie in dem Gemüsepulver bereits getrocknete Tomaten verwendet haben, ist es in der Soße nicht nochmals nötig.
- Für eine dunkle Soße rühren sie einfach 3-4 gehäufte TL des Pulvers in 250 ml Brat- bzw. Kochflüssigkeit.
- Bringen Sie die Soße dann zum Kochen und

71

lassen Sie sie einige Minuten köcheln.
- Zum Schluss können Sie noch frische Kräuter nach Belieben zufügen.
- Je nach Beilagen eignen sich dafür Pfeffer, Thymian, Lorbeer, Majoran oder auch Kümmel.

* * *

Vanillesauce

Zutaten:

½ L	Milch
40 g	Puderzucker
¼ Stange	Vanilleschote
20 g	Speisestärke
½ Becher	Sahne

Zubereitung:
- Dei Milch im Topf mit Puderzucker und der auf geschnittenen Vanillestange auf kleinster Stufe ansetzen und darin ziehen lassen.
- Speisestärke mit wenig kalter Milch glatt rühren, in die zum Kochen gebrachte Milch einrühren und kurz aufkochen lassen.
- Dann die Vanillestange herausnehmen, das restliche Mark noch auskratzen und in die Sauce geben.
- Unter gelegentlichem Rühren die Sauce erkalten lassen.
- Das geht am Besten, wenn man den Topf in kaltes Wasser stellt.
- Nach dem Erkalten die steif geschlagene Sahne darunter ziehen.

72

Schnelle Vanillesoße

Zutaten:
1   Puddingpulver mit Vanille
2 EL   Vanillezucker, selbst gemacht
1 Pck Vanillezucker
700 ml Milch

Zubereitung:
Wenn es schnell gehen soll, ist diese Soße einfach ideal.
-        Puddingpulver mit den beiden Vanillezucker mit
         etwas Milch anrühren und in die kochende Milch
         geben.
-        Kurz aufkochen lassen – fertig.
-        Schmeckt warm und kalt super!

* * *

FINGERFOOD

Fingerfood, auch „Häppchen" genannt, bezeichnet
Speisen, die mit den Fingern statt mit Besteck gegessen
werden können.

Frühlingswrap

Zutaten:
1   normaler Wrap
1   Ei
200 g Magerquark
1 kl   rote Zwiebel, fein gehackt
1 St.   Frühlingszwiebeln, in kleine Röllchen geschnitten
30 g   Streukäse
        Salz, Pfeffer

Zubereitung:
- Alle Zutaten in einer Schüssel gut vermischen.
- Den Wrap in eine kleine runde Backform legen, so dass der Boden und die Wände rundum zu sind.
- Nun die Masse einfüllen und im vorgeheizten Ofen bei 160 Grad Umlauftemperatur 20 – 30 Minuten überbacken.
- Leicht abkühlen lassen und den Rand lösen.

* * *

Bunter Pfannkuchen auf dem Backblech gebacken

Zutaten:
5   Eier
etwas   Öl
               Salz, Pfeffer
1 Handvoll   Brokkoli in kleine Röschen geteilt
1   Tomate, klein geschnitten
½   roter Paprika, klein geschnitten
1 Stange   Frühlingszwiebel, fein geschnitten
2 EL   ger. Käse

Zubereitung:
- Ein rundes Backblech mit Backpapier am Boden und den Seiten auslegen.
- Mit dem Öl bestreichen.
- Dann die Eier ganz hinein geben, salzen und pfeffern.
- Brokkoli, Tomate und Paprika dazu geben.
- Mit der Frühlingszwiebel und dem geriebenen Käse über streuen.
- Bei ca. 160 Grad Umluft ca. 20 Minuten backen.

* * *

Avocado – Aufstrich

Zutaten:

1 weiche	Avocado
2 EL	Balsamico Bianco mit Orange
1 EL	Dijon Senf mit Honig
	Pfeffer und Salz

Zubereitung:
- Fruchtfleisch der Avocado mein einem Esslöffel aus der Schalen heben.
- Nun zerdrücken, mit den übrigen Zutaten vermischen und abschmecken.

- Eignet sich wunderbar als Unterlage auf Sandwichs oder auf Baguette.

* * *

Spinat – Käse – Rolle

Zutaten:

1 Ei
30 g Blattspinat
Prise Salz
50 g Joghurt
20 g Streukäse
2 EL Haferflocken

Zubereitung:

- Alle Zutaten pürieren.
- Auf einem Blech viereckig und dünn ausstreichen (ca. 25 cm Durchmesser).
- Im vorgeheizten Ofen bei 180°C Ober-/Unterhitze für ca. 20 Minuten backen.
- Die Rolle abkühlen lassen, so lässt sie sich einfacher vom Backpapier lösen und anschließend nach Belieben belegen.

* * *

Champignon Spieße

Zutaten:

500 g Champignons
2 EL Olivenöl
6 EL Balsamico Essig
1 TL getrockneter Thymian
1 TL Agavendicksaft
1 Knoblauchzehe, gehackt
Etwas Salz

Zubereitung:
- Champignons putzen, in eine große Schüssel geben.
- Olivenöl, Balsamico Essig, Thymian, Agavendicksaft,   Salz und gehackten Knoblauch dazugeben.
- Alles gut verteilen und mindestens 30 Minuten ruhen lassen.
- Champignons auf die Spieße verteilen, gleichmäßig grillen und genießen!
- Natürlich schmecken die Champignons auch aus der   Pfanne sehr lecker.

* * *

Brokkoli – Feta - Frikadellen

Zutaten:
1   Brokkoli
1   Knoblauchzehe
3 EL   Mehl
1   Ei
125g   Feta
100g   geriebener Käse
2-3   Zweige Petersilie

Für den Kräuter Joghurt:
200g   Joghurt
2 TL   Tk Kräuter
Etwas frische Zitrone

Zubereitung:
- Brokkoli in kochendem Wasser 5-6 min garen bis

77

er gar ist, dann zerhacken und mit den restlichen Zutaten, Salz und Pfeffer in einer Schüssel vermischen.

- Nebenbei den Joghurt mit Kräutern, Zitronensaft, Salz und Pfeffer vermischen.
- Etwas Öl in einer Pfanne erhitzen, Frikadellen formen und von beiden Seiten goldbraun braten.
- Zusammen mit Joghurt anrichten, fertig!

* * *

Wraps mit Salat

Zutaten:

200 g	Mehl
etwas	Meersalz
8 EL	Sauerrahm
4 TL	Brotaufstrich nach Geschmack
1 EL	Zitronensaft
½ Bd	Basilikum
etwas	Pfeffer
1	Chilischote
1	Avocado
½	Salatgurke

2	Tomaten
100 g	Salatblätter
100 g	Champignons

Zubereitung:
- Mehl, ½ TL Meersalz und 120 ml. lauwarmes Wasser vermengen.
- In 4 Portionen teilen und auf bemehlter Fläche zu Fladen von ca. 20 cm Durchmesser ausrollen.
- Die Fladen ohne Fettzugabe in einer beschichteten Pfanne von jeder Seite ca. 1 Min. backen, bis sie braune Punkte bekommen.
- Dann warm stellen.
- Rahm, Brotaufstrich und Zitronensaft verrühren, dann salzen und pfeffern.
- Chilischote waschen, putzen und würfeln.
- Mit dem Basilikum in die Soße rühren.
- Avocado und Gurke schälen, Tomaten waschen, putzen und alles würfeln.
- Salat abbrausen, trockenschleudern und zerpflücken.
  Pilze abreiben und in Scheiben schneiden.
- Nun alles gut vermengen.
- Fladen mit Soße bestreichen, Salat darauf geben und diese aufrollen, halbieren und evtl. fixieren.

* * *

Pfannkuchen mit Salat

Zutaten für die Pfannkuchen:

| 4 | Eier |
| 400 ml | Milch |

	Salz
250 g	Mehl
80 g	flüssige Butter
4 EL	Öl

Für den Salat:

- Eier verquirlen, Milch und ½ TL Salz unterrühren. Mehl darauf sieben und alles zu einem glatten Teig verrühren.
- Die Butter unterrühren.
- Den Teig abgedeckt quellen lassen.
- Den Salat putzen, waschen und in mundgerechte Stücke zupfen und abtropfen lassen.
- Paprikaschote waschen, längs halbieren, putzen, entkernen und in schmale Streifen schneiden.
- Zwiebel abziehen, würfeln, Knoblauch abziehen, durchpressen.
- Nun mit Joghurt und Rahm verrühren.
- Essig und Honig unterrühren und mit Salz, Pfeffer sowie dem Zitronensaft abschmecken.
- Öl portionsweise in einer Pfanne erhitzen und 4 Pfannkuchen darin backen.
- Salat mit Dressing vermengen und auf die Pfannkuchen geben.
- Pfannkuchen wie Wrap aufrollen.

* * *

GEMÜSEGERICHTE

Selbst gemachte Gemüse- Instand Brühe II

Zutaten:
1   Staudensellerie
4   Tomaten
1 gr   Zwiebel
2   Karotten

Zubereitung:
-       Schälen, kleiner schneiden und in einem Mixer
        klein   raspeln.
-       Dann auf einem Backblech mit Backpapier dünn
        verteilen.
-       Ca. 20 Minuten bei 60 Grad im Backofen trocknen,
        dabei die Türe einen Spalt geöffnet lassen.
-       Dann prüfen, ob das Gemüse ganz trocken ist.
.   Evtl. noch einige Minuten im Ofen lassen.
-       Ist es dann ganz durch getrocknet, kann es im

Mixer zu Pulver verarbeitet werden.
- In gut schließende Schraubgläser füllen.
- So lässt es sich einige Monate gut aufbewahren.

* * *

Gemüsebrühpulver

Mein Lieblingsrezept für Gemüsebrühe. Ideal für Eintöpfe, Suppen, Auflauf, oder einfach so in heißem Wasser!

Zutaten:

700 g	Möhren
300 g	Lauch
200 g	Zwiebeln
250 g	Knollensellerie mit Blättern
200 g	Stangensellerie mit Blättern
400 g	Brokkoli
120 g	Petersilienwurzel
250 g	Paprikaschoten, rot
25 g	Cherrytomaten, oder getrocknete Tomaten
5 große	Lorbeerblätter,wenn möglich Frische
50 g	Petersilie, Blätter und Stängel
3 große	Knoblauchzehen
2 El	Liebstöckel getrocknet, ODER
1 Hand voll	frische Liebstöckelblätter
200 g	Meersalz

Zubereitung

Alle Mengenangaben sind Nettogewichte!
- Das Gemüse putzen und in ca. 2 cm große Würfel schneiden.   82

- Petersilie mit Stängeln grob hacken, ebenso den Liebstöckel, wenn er frisch   verwendet wird.
- Getrockneter wird zum Schluss mit dem getrockneten   Gemüse pulverisiert.
- Bei frischen Lorbeerblättern die Mittelrippe herausschneiden, die Blätter in kleine Stücke hacken.
- Getrocknete kommen zum Schluss dazu.
. Alles außer den Tomaten im Mixer portionsweise fein   pürieren.
- Getrocknete Tomaten von Hand fein hacken und untermischen.
- Die Masse gleichmäßig auf drei Backblechen mit Backpapier verstreichen.

Trocknen:
- 2 Stunden bei 80 Grad Umluft, weitere 9 - 10 Stunden (ca.) bei 50 Grad trocknen.
- Dabei die Tür einen ganz kleinen Spalt offen lassen (einen Topflappen in die Türe klemmen).
- Während das Gemüse trocknet, die Masse immer mal wieder wenden, dann trocknet es schneller und   gleichmäßiger.
- Je nach Ofen kann das Trocknen länger oder auch kürzer dauern.
- Die Temperatur möglichst mit einem Ofen-Thermometer überprüfen.
- Die völlig getrockneten Brösel mit dem Meersalz, dem Liebstöckel und den Lorbeerblätter, wenn getrockneter verwendet wird, in einer elektrischen Kaffeemühle zu sehr feinem Pulver vermahlen.

Tipps:

- Da ich die Gemüsebrühe nicht ganz so fein mag, mixe ich sie einfach nochmals im Mixer durch.
- Man kann sie aber auch zwischen zwei Backpapierblätter ausbreiten und mit dem Walholz mehrmals darüber rollen.
- wer gerne mehr Knoblauch in der Brühe mag, kann 4   oder gar 5 Knollen verwenden.
- Lassen Sie dann von einem anderen Gewürz etwas weg.

Anwendungen:

- 3 - 4 Teelöffel ergeben 1 Liter Brühe.
- Ich verwende das Pulver auch zum Würzen, z.B. für   Bolognese, Ragouts, Gemüse, Saucen etc.

* * *

Leipziger Allerlei

Zutaten für 4 Personen:
250 g   Blumenkohl

84

250 g	Spargel
250 g	Bohnen
300 g	kleine Möhren
100 g	Zuckerschoten
40 g	Mehl
60 g	Butter
2	Eigelb
6 EL	Sahne
	Pfeffer
	Salz
6 EL	Essig
8	Eier
1 Bund	Petersilie gehackt

Zubereitung:
- Gemüse waschen, putzen und zerkleinern.
- Die Blumenkohlröschen in kochendem Salzwasser ca. 10 Min.
- Spargel, Bohnen und Möhren ca. 8 Min.
- Zuckerschoten ca. 3 Min. garen.
- Gemüse jeweils abgießen und warm stellen.
- Dabei 500 ml Sud abmessen.
- Mehl in zerlassener Butter unter Rühren anschwitzen.
- Mit Gemüsesud ablöschen.
- Glattrühren, bis eine sämige Soße entsteht.
- Eigelb mit Sahne verquirlen.
- Topf vom Herd nehmen und die Sahne-Ei-Mischung
  unter die Soße rühren, dann abschmecken.
- 2 Liter Salzwasser mit Essig zum Kochen bringen.
  Eier einzeln aufschlagen und in das Wasser
  gleiten   lassen.

- Eier sofort mit 2 Esslöffeln zusammenhalten, damit sie nicht aus der Form gehen.
- Jedes Ei pro Seite 2 Min. garen.
- Alles anrichten und mit Petersilie bestreuen.

Ein wunderbares Abendessen zusammen mit frischem Bauernbrot oder Baguette.

* * *

Gemüse Crostini

Zutaten:

400 g	Gemüse, z.B.: ½ Zucchini, 1 Paprika, 1 Möhre
1 EL	Olivenöl
½ Bund	Petersilie gehackt
1	Ciabatta Brot, ca. 300 g
200 g	Philadelphia Kräuter
40 g	Parmesan, in großen Spänen

Zubereitung:
- Backofen auf 200 Grad, Oberhitze, vorheizen.
- Gemüse in mundgerechte Stücke schneiden und
in der Pfanne in heißem Öl 5 Min. braten.
- Dann die Petersilie unterheben.
- Ciabatta in 4 Stücke schneiden, diese aufschneiden und mit Philadelphia bestreichen.
- Gemüse darauf verteilen, mit Parmesan bestreuen und ca. 10 Minuten im Ofen gratinieren.

* * *

Gefüllte Spitzpaprika Asia

Zutaten:

6 rote	Spitzpaprika
250 g	Basmatireis
1 Pck	Pfannengemüse Chinesisch
200 g	Philadelphia
1 Stück	Ingwer, ca. walnussgroß
250 ml	Gemüsebrühe

Zubereitung:

- Backofen auf 180 Grad Umluft vorheizen.
- Spitzpaprika längs halbieren und das Kerngehäuse   entfernen.
- Reis kochen und das Pfannengemüse nach Packungsanweisung zubereiten.
- Pfannengemüse mit dem Reis vermischen und in die   Paprikahälften füllen.
- Diese in eine Auflaufform legen und den Philadelphia in Flocken darauf verteilen.
- Ingwer fein reiben und in die Gemüsebrühe einrühren.

87

-   Die Paprika mit der Brühe angießen und ca. 20 Minuten im Ofen garen.

* * *

Herzhafte Gemüse – Muffins

Zutaten:

1 TL	Öl
1 Pck.	Pfannengemüse „ Bauern Art „
250 g	Mehl
1 Pck.	Backpulver
2	Eier
1 TL	Salz
200 g	Philadelphia Kräuter

Zubereitung:
-   Backofen auf 180 Grad Umluft vorheizen.
-   Die Muffinförmchen mit Öl einfetten.
-   Pfannengemüse nach Packungsanweisung zubereiten.
-   Mehl mit Backpulver vermischen, Eier, Salz und 2/3 des Philadelphia dazugeben.
-   Mit einem Handrührgerät mit Knethaken zu einem glatten Teig verkneten.
-   Dann das Pfannengemüse unterkneten.
-   Teigmasse in die Muffinförmchen füllen, den übrigen Käse in Flocken darauf verteilen.
-   Ca. 20 Minuten backen.

* * *

Rote Beete – Frikadellen

Zutaten:

400 g	Rote Beete, vorgegart, gerieben
2	Karotten, gerieben
2	Kartoffeln, gerieben
½	Zwiebel, fein gehackt
150 g	Erbsen aus der Dose, abgetropft
1	Knoblauchzehe, fein gehackt
3	Frühlingszwiebeln, gehackt
1	Ei
½ TL	Salz
¼ TL	Pfeffer
2 EL	Mehl
3 EL	Olivenöl

Zubereitung:

- Geriebene Rote Bete, Karotten und Kartoffeln vermengen.
- Zwiebel, Knoblauch und Frühlingszwiebeln fein hacken und untermengen.
- Abgetropfte Erbsen, Ei, Salz, Pfeffer und Mehl hinzufügen, kurz vermengen.
- Mit einem EL die Masse portionieren, in die Pfanne geben und in Olivenöl von beiden Seiten bei mäßiger Hitze braten.

* * *

Paprika – Feta – Sauce

Zutaten:

4	Paprikaschoten, rot

4 EL   Öl
5   Tomaten
6   Knoblauchzehen, fein gehackt
250 g   Feta - Käse, vom Schaf, zerbröselt
        Salz, Pfeffer

Zubereitung:
-       Die Paprikaschoten entkernen und würfeln.
-       In heißes Öl geben und zugedeckt in ca. 10
        Minuten   weich braten.
-       Gelegentlich umrühren.
-       Anschließend die Tomaten dazu geben und
        weitere   10 Minuten schmoren.
-       Den Knoblauch hinzu fügen und 5 Minuten ziehen
        lassen.
-       Zum Schluss den Feta hinein geben, alles
        vermischen und mit Pfeffer und Salz
        abschmecken.

* * *

Gurkengemüse

Zutaten:

50 g	Butter
1 EL	Senfkörner
1	große Zwiebel
2	Salatgurken
etwas	schwarzer Pfeffer
½ Bund	Dill
3 EL	Creme fraiche
etwas	Salz
2 EL	Essig, 5 % iger

Zubereitung:

- Butter schmelzen lassen, Zwiebeln schälen und in   kleine Würfel schneiden.
- Nun zusammen mit den Senfkörnern in Butter dämpfen.
- Die Gurken einmal quer und einmal längs durchschneiden.
- Dann die Körner entfernen.
- Die Gurken in mundgerechte Stücke schneiden und   mit den Zwiebeln schmoren lassen.
- Nebenbei den Dill fein schneiden.
- Sind die Gurken weich, Creme fraiche, ein Schuss Essig und Salz dazu geben.
- Den Dill darüber streuen und alles gut vermischen.

Dazu passen Salzkartoffeln, Bauernbrot oder Baguette.

* * *

Ofenomelette mit Pesto

Zutaten:

1 Handvoll	Babyblattspinat
6	Eier
10	Cherrytomaten
1 EL	schwarze Oliven in Ringe geschnitten
1 EL	Pesto, sehr gut eignet sich Genovese
50 g	Fetakäse
	Olivenöl
	Salz und Pfeffer

Zubereitung:

- Eine Auflaufform mit Backpapier auslegen und etwas Olivenöl hineingeben.
- Zuerst den Blattspinat hineinlegen und dann die Eier darauf verteilen.
- Cherrytomaten halbieren und zusammen mit den Oliven auf die Eier verteilen.

- Pesto klecks weise dazugeben.
- Mit der Gabel alles leicht vermengen.
- Nun den Fetakäse drüber bröseln und das Omelette für 15-20 Minuten im vorgeheizten Backofen bei 200 Grad Celsius Umluft backen.
- Die Backzeit hängt von der Größe deiner Auflaufform und deinem Ofen ab.
- Lass es dir schmecken.

* * *

Provenzalischer Gemüsetopf

Zutaten für 4 Portionen:

250 g	grüne Bohnen
2-3	Möhren
1	mittelgroße Zucchini
1 Stange	Lauch
500 g	Kartoffeln
4	mittelgroße Tomaten
2-3 EL	Olivenöl
+ 100 ml	Olivenöl
	Salz
1 Dose	italienische weiße Bohnenkerne
	Pfeffer
2	geschälte Knoblauchzehen
1-2	Töpfe oder Bunde Basilikum
50 g	ger. Parmesankäse

Zubereitung:
- Bohnen in Stücke, Möhren und Zucchini in Scheiben, Lauch in Ringe schneiden.
- Kartoffeln würfeln, Tomaten kreuzweise

93

einschneiden, überbrühen, abschrecken und häuten.
- Dann die Tomaten klein schneiden.
- Das Gemüse in 2-3 EL Öl etwa 10 Minuten dünsten.
- Zwischendurch wenden und salzen.
- Bohnen abspülen abtropfen lassen und dazu geben.
- 1 ½ Liter Wasser angießen und zugedeckt 30 Minuten köcheln lassen.
- Knoblauch, ½ TL Salz, die Basilikumblätter und den   Käse pürieren.
- Nun Öl unterrühren und die Paste zur Suppe reichen.

* * *

Gemüse – Tortilla mit Oliven

Zutaten:

1	mittelgroße Zucchini
1 rote	Paprika
1 Bund	Lauchzwiebeln

1	geschälte Knoblauchzehe
1	geschälte Zwiebel
1-2 EL	Öl
	Salz, schwarzer Pfeffer
75 g	Oliven, schwarze mit Paprika gefüllt
100 g	Goudakäse
8	Eier
1-2 EL	Creme fraiche
	Kräuter zum Garnieren

Zubereitung:
- Gemüse in mundgerechte Stücke schneiden.
- Knoblauch und Zwiebel fein würfeln.
- In einer feuerfesten Pfanne Öl erhitzen.
- Knoblauch und Zwiebel kurz darin andünsten, dann das Gemüse hinzu fügen und ca. 5 Minuten mitdünsten.
- Kräftig würzen.
- Oliven zugeben, Käse reiben und mit den Eiern verquirlen.
- Eiermasse über das Gemüse gießen.
- Im vorgeheizten Backofen bei 200 Grad, Umluft bei 18o Grad, ca. 20 Minuten stocken lassen.
- In Portionsstücke schneiden.
- Mit einem Klacks Creme fraiche und Kräutern garniert anrichten.

* * *

Gebratene Champignons mit Frischkäse – Dip

Zutaten:

500 g	Champignons

1 kl.	Zwiebel
2	Knoblauchzehen
	Öl,
	Salz, Pfeffer

Für den Dip:

150 g	körniger Frischkäse, oder Ihr Lieblingsfrischkäse
50 g	Magerquark
1 TL	fein geschnittene Zwiebeln
1/2 TL	Knoblauchpulver, ODER
1 fein	geschn. frische Knoblauchzehe
1 EL	Olivenöl
1 EL	Zitronensaft
1 TL	Honig
	Salz, Pfeffer

Zubereitung:

- Die Champignons gut waschen, den Stil unten abschneiden und zunächst ohne Öl in der Pfanne anbraten, bis die Flüssigkeit austritt und verdampft ist.
- Das Öl, Zwiebeln, Knoblauch, Salz und Pfeffer hinzugeben und alles anbraten.
- In der Zwischenzeit alle Zutaten für den Dip vermischen und diesen zusammen mit den Champignons servieren.

* * *

Romanesco mit Möhrenscheiben

Zutaten für 6 Personen:

2	Schalotten
1 EL	Rapsöl
300 g	Romanesco oder Brokkoli
2	mittlere Möhren
½ Tasse	Gemüsebrühe
1 Prise	Muskat
½ TL	Honig
2 EL	Sahne

Zubereitung:

- Schalotten fein würfeln und in Rapsöl anbraten, bis sie süßlich duften.
- Romanesco in mundgerechte Röschen zerteilen und die Möhren in Scheiben hobeln.
- Nun 4 Minuten bei mittlerer Hitze in Öl anbraten.
- Mit Gemüsebrühe ablöschen und mit den übrigen Zutaten abschmecken.

Dieses Gericht eignet sich sehr gut als Beilage.
Kann aber auch z.B. mit Baguette gegessen werden.

Erbsen – Möhren – Gemüse

Zutaten:

300 g	Möhren
120 g	Erbsen (aus der Tiefkühltruhe)
1/2	Zwiebel
200 ml	Gemüsebrühe
100 g	Joghurt (mind. 3,5% Fett)
1 TL	Kräuter
Prise	Muskatnuss
	Salz, Pfeffer

Zubereitung:
- Die Möhren in Stifte schneiden und mit den Zwiebeln   für 5 Minuten anbraten.
- Die Gemüsebrühe hinzugeben, aufkochen lassen und so lange bei mittlerer Hitze köcheln lassen, bis   das Wasser fast verdampft ist.
- Dann die Erbsen dazugeben, erwärmen und sobald   die Flüssigkeit vollständig verdampft ist , Joghurt   sowie Kräuter untermischen und mit Salz und Pfeffer   abschmecken.

* * *

Mein Lieblings - Blumenkohl Rezept

Zutaten:

1	Blumenkohl, ca. 300 g
1 L	heißes Wasser
3	Eier
	Salz
	Oregano

Schwarzer Pfeffer
1 EL   feinen Kräuter nach Geschmack
250 g   Joghurt
150 g   grob geriebener Mozzarella
½   roten Paprika, klein gewürfelt
2 EL   fein geriebener Mozzarella
        UND – ODER
1 EL   Parmesan

Zubereitung:

- Den Blumenkohl mit dem heißen Wasser übergießen.
- Die Eier mit Salz, Oregano, den Kräutern und dem schwarzen Pfeffer würzen.
- Nun alles gut verquirlen, dann den Joghurt und den   Mozzarella dazu geben.
- Wiederum alles gut verrühren, und nun den Paprika   dazu geben.
- Den Blumenkohl aus dem Wasser heben und die Röschen abtrennen.
- Nun die Blumenkohlröschen in eine Auflaufform geben und mit der Mischung übergießen.
- Nach Geschmack Mozzarella und / oder Parmesan   darüber streuen.
- Im vorgeheizten Backen bei 180 Grad ca. 25 Minuten   überbacken.

* * *

Gemüse mit Sprossen

Zutaten:
je 2   Möhren, Frühlingszwiebeln

1 Stange	Lauch
1	rote Paprika
5 Blatt	Chinakohl
150 g	Brokkoli
150 g	Bambusschösslinge
50 g	Sojabohnenkeimlinge
3	getrocknete Mu-Err-Pilze
2	Zwiebeln
1	Knoblauchzehe
5 EL	Rapsöl
4 EL	Sojasoße
1 TL	Rohrzucker
	Salz
1 TL	Chinagewürz
150 ml	Brühe
1-2TL	Stärke

Zubereitung:
- Gemüse putzen und waschen.
- Keimlinge abtropfen lassen.
- Pilze waschen und in reichlich Wasser 15 Minuten kochen lassen.
- Anschließen klein schneiden.
- Möhren in Rauten schneiden, Frühlingszwiebeln, - Bambusschösslinge und Paprika in Stücke schneiden.
- Lauch in Ringe und Chinakohl in Streifen schneiden.
  Brokkoliröschen halbieren.
- Zwiebeln und Knoblauch abziehen und in Scheiben   schneiden.
- Öl in einem Wok erhitzen und das Gemüse darin braten, so dass es schön knackig bleibt.

- Sojasoße, Zucker zugeben, mit Salz und Chinagewürz kräftig würzen.
- Brühe angießen, die Stärkte einrühren und aufkochen lassen.
- Nochmals abschmecken.
- Nach Geschmack mit Reis servieren.

* * *

Blumenkohl – Curry

Zutaten:

600 g	Kartoffeln
1 Bund	Frühlingszwiebeln
2	Chilischoten
250 g	Tomaten
5 EL	Öl
1 TL	frisch gehackter Ingwer
2 TL	gemahlenen Kurkuma
1 TL	gem. Kreuzkümmel
2 TL	Paprikapulver
700 g	Blumenkohlröschen

400 ml	Gemüsebrühe
150 g	TK - Erbsen
	Salz
4 EL	Joghurt

Zubereitung:
- Kartoffeln schälen, waschen und würfeln.
- Gemüse abbrausen und putzen.
- Zwiebeln in Ringe, Chili in feine Streifen
- Tomaten häuten, vierteln und entkernen.
- Öl erhitzen, Ingwer und die Gewürze darin anschwitzen.
- Zwiebeln zufügen und glasig braten.
- Kartoffeln, Blumenkohl und Chili zugeben und 3-4 Minuten braten.
- Brühe angießen und zugedeckt ca 20 Min. köcheln lassen, bis der Blumenkohl und die Kartoffeln bissfest sind.
- Anschließen die Tomaten und Erbsen zufügen und kurz aufkochen lassen.
- Nun mit Salz und den Gewürzen abschmecken.
- Mit Joghurt servieren und dies evtl. mit Currypulver bestäuben.

Dazu passen Reis, oder chinesische Nudeln.

* * *

Gefüllte Zucchini

Zutaten:

1	größere Zucchini
3	Eier
100 g	ger. Käse
60 g	Schafskäse zerbröckelt
2-3	Tomaten
	Salz, Pfeffer
1	Knoblauchzehe fein gehackt
1 EL	Petersilie fein gehackt

Zubereitung:

- Zucchini am Stielende abschneiden, einmal längs durchschneiden und das Innere heraus schälen.
- Dieses nun ganz fein hacken.
- Mit dem Schafskäse, den Eiern, den fein gehackten Tomaten und den Gewürzen vermischen.
- Dann in die Zucchini füllen und mit ger. Käse bestreuen.
- Im vorgeheizten Backofen bei 180 Grad ca. 30 Min. backen.

Gerösteter Blumenkohl mit Parmesan und Knoblauch

Zutaten:

1 mittlerer	Blumenkohlkopf
3 EL	kaltgepresstes Olivenöl
2-3 EL	geriebener Parmesankäse
3	Knoblauchzehen, grob gehackt
1 1/2 TL	Paprika
3/4 TL	Salz
1/2 TL	gemahlener Pfeffer
	Saft von 1/2 Zitrone
2 EL	fein gehackte frische Petersilie

Zubereitung:

- Legen Sie ein großes, umrandetes Backblech auf die mittlere Schiene des Ofens und heizen Sie den Backofen auf 220 °C vor.
- Schneiden Sie den Blumenkohl in Röschen und geben Sie sie in eine große Schüssel.
- Vermengen Sie sie mit Olivenöl, Knoblauch, Paprika, Salz und Pfeffer.
- Breiten Sie den Blumenkohl auf einem vorgewärmten Backblech aus.
- Ordnen Sie die Röschen in einer einzigen Schicht an, damit jedes einzelne Röschen gut geröstet wird.
- Backen Sie sie 25 Minuten lang, indem Sie sie nach 15 Minuten einmal wenden, bis sie leicht geröstet und weich sind.
- Streuen Sie den Parmesankäse über den Blumenkohl und schieben Sie ihn für weitere 2 bis 3 Minuten in den Ofen.
- Geben Sie den Zitronensaft und die frische

Petersilie dazu und servieren Sie das Gericht.

* * *

Schnelle Spinatlasagne

Zutaten:
500g   Rahmspinat
300g   körniger Frischkäse
2   Eier
100g   geriebener Käse
0,5TL Salz
         Pfeffer
         Gewürze

Zubereitung:
-   Alles in einer Auflaufform vermengen, mit dem ger. Käse bestreuen.
-   Im vorgeheizten Backofen bei 180 Grad 40min backen.

* * *

Gefüllte Tomaten

Zutaten für die Füllung:
2   Knoblauchzehen gepresst
50 g   griechischer Schafskäse
1 Dose   Riesenbohnen 240 g
2 EL   Tomatenmark
2 EL   gehackte glatte Petersilie
1 Zweig   Rosmarin
½ rote   klein gewürfelte Paprika

Pfeffer, Salz
6 bis 8   Tomaten

Zubereitung:
-        Backofen auf 175 Grad Innentemperatur
         vorheizen.
-        Von den Tomaten den Deckel abschneiden,
         Tomaten   aushöhlen und das Fruchtfleisch mit
         dem   Tomatenmark vermischen.
-        Die Riesenbohnen abtropfen lassen, die Hälfte der
         Bohnen und den Schafskäse mit der Gabel
         zerdrücken.
-        Die Füllzutaten vermischen, dabei die
         Rosmarinnadeln zuvor abzupfen und
         untermischen.
-        Die Füllung nun würzig abschmecken.
-        Die Zutaten in die Tomaten füllen, Deckel auflegen
         und das Ganze 15 Minuten im vorgeheizten
         Backofen überbacken.
-        Die Tomaten schmecken kalt und warm sehr gut.

* * *

Pfannkuchen mit Schafskäse

Zutaten:

250 g	Mehl
3	Eier
500 ml	Milch
	Salz, Pfeffer
4 EL	Butterschmalz
1	Kohlrabi
3	Schalotten
1	Zucchini
500 g	Tomaten
2 EL	Öl
100 ml	Brühe
1 Prise	Zucker
200 g	Schafskäse

Zubereitung:

- Mehl, Eier und Milch verrühren, salzen und pfeffern.
- Im Schmalz aus dem Teig portionsweise Pfannkuchen backen.
- Kohlrabi schälen, würfeln und in Salzwasser bissfest garen.
- Schalotten abziehen und würfeln.
- Zucchini und Tomaten gründlich waschen, putzen und kleinschneiden.
- Schalotten im Öl andünsten, Gemüse zufügen und die Brühe angießen.
- Alles ca. 5 Minuten dünsten.
- Mit Salz, Pfeffer und Zucker abschmecken.
- Käse würfeln und unters Gemüse geben.
- Pfannkuchen mit der Gemüsemischung füllen und auf Tellern anrichten.

Pikantes Chili mit Brot

Zutaten:

500 g	Kartoffeln
1 kl	Gemüsezwiebel
1 EL	Öl
½ L	Gemüsebrühe
1 gr. Dose	Tomaten
je 1 Zweig	Rosmarin und Thymian
1 kl.	Rote Chili
	Pfeffer aus der Mühle
	Salz
	Kreuzkümmel
1 Prise	Zimt
1 gr. Dose	rote Bohnen
1 kl. Dose	Mais
½ Bund	Lauchzwiebeln
1 EL	Essig, z.B. Sherry-Essig

Zubereitung:

- Kartoffeln schälen, waschen und vierteln.
- Zwiebel schälen und würfeln.
- Öl in deinem Topf erhitzen und die Kartoffeln darin golden anbraten.
- Zwiebel zufügen und ebenfalls anbraten.
- Mit Brühe und Tomaten auffüllen und abgedeckt ca. 15 Min. köcheln lassen.
- Rosmarin und Thymian waschen und trockenschütteln.
- Chilischote waschen, einritzen, mit den Kräutern zufügen und mitkochen.
- Mit Salz, Pfeffer, Kümmel und Zimt würzen.

- Bohnen abwaschen und mit dem Mais abtropfen lassen.
- Lauchzwiebeln waschen und in ca. 1 cm große Stücke schneiden.
- Bohnen, Mais und Lauchzwiebeln zufügen und weitere 5 Minuten köcheln lassen.
- Nun mit Essig abschmecken.

* * *

Gefüllte Paprikaringe

Zutaten:

2		Frühlingszwiebeln
2		Paprika, z.B. 1 rote und eine gelbe Paprika
100	g	Feta
100 g		Frischkäse
2 Stiele		Basilikum
1		Ei
100 g		geriebener Käse
		Salz, Pfeffer
		frische Petersilie

Zubereitung:
- Paprika waschen und in 8 gleich dicke Ringe schneiden.
- Kerngehäuse gründlich entfernen.
- Übriges Fruchtfleisch in kleine Würfel schneiden.
- Paprikaringe auf einem mit Backpapier belegten Blech verteilen.
- Frühlingszwiebeln waschen, putzen und in feine Ringe schneiden.
- Basilikum waschen, trocken schütteln, fein hacken.

- Feta in eine Schüssel bröseln.
- Frischkäse, Ei, geriebenen Käse, gewürfeltes Paprikafleisch, Frühlingszwiebeln und Basilikum dazugeben und cremig rühren.
- Mit Salz und Pfeffer würzen.
- Käsecreme in die Paprikaringe füllen.
- Im vorgeheizten Ofen bei 200 °C 15-20 Minuten goldbraun backen.
- Paprikaringe aus dem Ofen nehmen, mit frischer Petersilie garnieren.

* * *

KARTOFFEL - GERICHTE

Kartoffeln liefern viele Vitamine
Mit 12 Milligramm Vitamin C **pro** 100 Gramm enthält die (gekochte) Kartoffel genauso viel Vitamin C wie 100 Gramm Apfel.
Genau deswegen empfiehlt auch die Deutsche Gesellschaft für Ernährung Kartoffeln regelmäßig in den Speiseplan zu integrieren.

Kürbis – Kartoffelbrei

Zutaten:

300 g	Kürbisfleisch
1	Frühlingszwiebel
1 EL	Rapsöl
200 ml	Gemüsebrühe
1 EL	frische Majoranblättchen
½ TL	geriebene Muskatnuss
4 EL	Sahne
	Pfeffer
	Salz

Zubereitung:
- Pellkartoffeln schälen und durch die Presse drücken.
- Kürbisfleisch, falls nötig schalen und ich Würfel schneiden.
- Mit der fein geschnittenen Zwiebel in Öl anbraten und   weich garen.
- Wenn das Kürbisfleisch zerfällt, die Kartoffelmasse unterheben und erwärmen.
- Mit den übrigen Zutaten abschmecken.

* * *

Rügener Hefe – Kartoffeln

Zutaten für 4 Personen:

800 g	vorwiegend festkochende Kartoffeln
6	Zwiebeln
60 g	Butter
½ Würfel	Hefe

2 EL	Mehl
500 ml	Gemüsebrühe
2 EL	Schmand
	Pfeffer
	Salz
1 Prise	gem. Kümmel
2 EL	Schnittlauchröllchen

Zubereitung:
- Kartoffeln waschen und in Salzwasser 2ß-25 Min. kochen.
- Anschließend abgießen, aus dampfen lassen, pellen und in Scheiben schneiden.
- Zwiebeln abziehen, in Ringe schneiden.
- In 40 g heißer Butter glasig dünsten.
- Hefe zerbröckeln, einrühren.
- Mehl darüber stäuben und goldbraun anschwitzen.
- Gemüsebrühe mit einem Schneebesen einrühren, 5 Min. köcheln lassen.
- Schmand unterziehen, mit Salz, Pfeffer und Kümmel abschmecken.
- Ofen auf 180 Grad, Umluft auf 160 Grad, vorheizen.
- Zwiebelmasse und Schnittlauch unter die Kartoffeln mischen, und ich eine Auflaufform geben.
- Restliche Butter in Flöckchen darauf setzen.
- Im Ofen ca. 30 Min. backen.

- Evtl. mit Schnittlauch garnieren und einen Salat dazu reichen.

Kartoffeln mit Spinat und Käse

Zutaten für 4 Personen:

750 g	frischer Spinat
1	Knoblauchzehe
1	Zwiebel
60 g	Butterschmalz
4	Tomaten
1 Prise	ger. Muskatnuss
2-3	mittelgroße festkochende Kartoffeln
80 g	körniger Frischkäse

Zubereitung:

- Spinat vorbereiten,
- Zwiebeln und Knoblauch würfeln und in 20 g Butterschmalz andünsten.
- Spinat darin zusammen fallen lassen.
- Tomaten hacken und dazu geben.
- Alles kurz durch schwenken und mit Salz, Pfeffer und   Muskat würzen.
- Kartoffeln schälen und in dünne Scheiben schneiden.
- Je fünf bis sechs Scheiben in 40 g heißem Butterschmalz anbraten.
- Wenn alles fertig ist, zuerst Kartoffeln, dann 2 EL Spinat, die Hälfte der Tomaten und etwas Frischkäse   darüber geben.
- So fortfahren, als letzte Schicht die Kartoffeln auflegen.
- Im Backofen bei ca. 180 Grad ca. 15 – 20 Min. goldbraun backen.
- Nach Geschmack etwas salzen und pfeffern.

Russische Piroschki

Zutaten:

100 ml	lauwarmes Wasser
150 ml	lauwarme Milch
1 EL	Zucker
40 g	Butter
1	Ei
7 g	Trockenhefe oder 21 g Frische Hefe
1 TL	Salz
500 g	Mehl

Füllung:

500 g	Kartoffel
400 g	Mozzarella
	Salz/Pfeffer nach Geschmack

Zubereitung:

- In einer Schüssel lauwarmes Wasser und lauwarme   Milch zusammenmischen , Frische Hefe und Zucker   zusammenmischen.
- Dazu noch Ei, Salz und Mehl fügen und kneten es zu   einem weichen, etwas klebrigen Teig.
- Während des Knetens Butter dazu geben und den Teig an einem warmen Ort ca. 1 Stunde gehen lassen.

Für die Füllung:

- Kartoffeln schälen, koch und stampfen.
- Dazu Mozzarella und Salz nach Geschmack geben   und alles gut vermischen.
- Den Teig in 12 gleich große Stücke teilen.
- Jedes Teil ausrollen, in die Mitte Füllung

platzieren   und Piroschki formen.
- Pflanzenöl in der Pfanne erhitzen und Piroschki
von   beiden Seiten goldgelb bis goldbraun
braten.

* * *

Kräuter Schupfnudeln

Zutaten:

750 g	Schupfnudeln
1 EL	Rapsöl
1 EL	frische Majoranblättchen
1 EL	frische glatte Petersilie
1 Prise	Muskatnuss
	Salz und Pfeffer

Zubereitung:
- Die Schupfnudeln zusammen mit den Kräutern
etwas 5 Minuten bei mittlerer Hitze golden
anbraten.
- Nun mit den übrigen Zutaten fein abschmecken.

Ein schnelles Rezept, das man super mit einem
grünen Salat kombinieren kann.

* * *

Süßkartoffel Curry

Zutaten:

1   Zwiebel
1   Knoblauchzehe
2   Möhren
500 g Süßkartoffeln
1   Paprika
500 g passierte Tomaten
200 ml Gemüsebrühe (oder mehr nach Bedarf)
200 g Sahne
1 EL Frischkäse
2 TL Currypulver
1 TL Kurkuma
2 TL italienische Kräuter
1 TL Chiliflocken
      Salz, Pfeffer

Zubereitung:

- Zwiebeln und Knoblauch in einem großen Topf anbraten.
- Die Möhren in kleine Stücke schneiden, hinzugeben   und zusammen mit allen

116

Gewürzen   für 4 Minuten mitbraten.
- Alle restlichen Zutaten, außer den Frischkäse, mit
  in   den Topf geben und für etwa 20 Minuten mit
  geschlossenem Deckel köcheln lassen. -
  Zwischendurch umrühren.
- Zum Schluss optional noch einen Esslöffel
  Frischkäse dazugeben und mit Salz und Pfeffer
  abschmecken.

Dazu schmeckt frisches Bauernbrot oder auch Vollkornbaguette sehr gut.

* * *

Kartoffeln – Spargel – Gratin

12   Stangen Spargel
4   große Kartoffeln
2   Becher Sahne
2   Eier
250 g   Käse, verschiedene Sorten
etwas   Salz und Pfeffer
etwas   Muskatnuss

Zubereitung:
- Spargel Schälen und ca. 10 min in Salzwasser
  Kochen.
- Kartoffeln Schälen in dünne Scheiben schneiden
  und   im gleichen Wasser 10 min Kochen.
- Die Brühe bitte aufheben
- Auflaufform einfetten, ein Teil der Kartoffeln darauf
  auslegen, die Hälfte des Spargels darauf dann
  wieder Kartoffeln, Spargel und zum Schuss
  Kartoffeln.   117

- Sahne, die Gewürze und das Kochwasser mit den Eiern verrühren und über den Auflauf geben.
- Den Käse reiben und darüber streuen.
- Bei 180 Grad ca. 25- 30 min backen.

* * *

Kartoffelkroketten

Zutaten:
1 kg   Kartoffeln
60 g   Parmesan,
¼ TL   geriebene Muskatnuss
(2 EL) gehackte Petersilie
         Salz und Pfeffer
2   Eigelb
3   Eier
250 g Panko Paniermehl
         Pflanzenöl zum Frittieren

Zubereitung:
- Kartoffeln (mit Schale) kochen, bis sie weich sind.
- Abkühlen lassen und schälen.
- Gekochte Kartoffeln pürieren und Salz, Pfeffer, Muskatnuss, Petersilie, Eigelb und Parmesankäse untermischen.
- Kartoffelpüree zu fingerförmigen Koteletts formen.
- Kartoffelstäbchen in verquirlte Eier tauchen und in Paniermehl wenden.
- Pflanzenöl vorheizen und Kartoffelfinger 3-4 Minuten   braten oder bis sie goldbraun und knusprig sind.

118

Information zu Panko – Paniermehl:

Panko [Brotmehl) ist ein aus der japanischen Küche stammendes Paniermehl aus Brotkrumen.
Panko hat seinen Ursprung in Japan um 1970.

Der größte Unterschied zwischen Panko und normalem Paniermehl besteht darin, dass **Panko aus Weißbrot ohne Krusten hergestellt wird**.
Die hellen, luftigen und größeren Pankoflocken werden beim Braten oder Frittieren knuspriger als normale Semmelbrösel, da sie sich nicht mit so viel Fett aufsaugen.

* * *

NUDELGERICHTE

Nudeln mit Rote Beete Soße

Zutaten:
1   Rote Beete
5-6   Knoblauchzehen
eine   Prise Salz
600 ml Wasser
eine   Prise Salz
250 g Nudeln
3 EL   Olivenöl
1 EL   Parmesankäse (Sie können auch jede andere
        Käsesorte verwenden, die Sie   möchten)

Zubereitung:
-       Rote Beete schälen und in kleine Würfel
        schneiden.
-       Mit den geschälten, ganzen Knoblauchzehen und
        einer Prise Salz in genügend Wasser kochen
        lassen.
-       Die Nudeln in Salzwasser al dente kochen.
-       Sind die Rote Beete gar, etwas Wasser in eine
        Schüssel abschütten.
-       Mit einem Stabmixer pürieren.
-       Nun die gekochten Nudeln unterheben und gut
        vermischen.
-       Mit dem geriebenen Käse vermischen und
        servieren.

* * *

Käsespätzle mit Röstzwiebeln

Zutaten:
350 g   getrocknete Spätzle
             Salz

100 g	Butterkäse
100 g	Greyerzerkäse
2	geschälte Zwiebeln
2-3 EL	Mehl
½ Bund	Petersilie
2 EL	Öl
	schwarzer Pfeffer

Zubereitung:
- Nudeln nach Packungsanweisung in Salzwasser ca. 15 Minuten kochen.
- Käse jeweils fein reiben.
- Zwiebeln in Ringe schneiden und in Mehl wenden.
- Petersilie in Streifen schneiden und bei Seite .
- Spätzle abgießen und abtropfen lassen.
- Mit Käse vermischen und in eine Auflaufform geben.
- Im vorgeheizten Backofen 175 Grad, Umluft bei 155 Grad, ca. 15 Minuten überbacken.
- In einer Pfanne Öl erhitzen und die Zwiebeln darin goldbraun rösten.
- Herausnehmen und auf einem Küchenpapier abtropfen lassen.
- Dann salzen und pfeffern.
- Käse-Spätzle aus dem Ofen nehmen und mit den Zwiebelringen und der Petersilie bestreut servieren.

* * *

Tortellini in Sahnesoße

Zutaten:
250 g getrocknete Tortellini mit Spinat und Käse gefüllt
200 g Champignons
1 kl. Geschälte Zwiebel
2 EL Öl
        Salz
¼ l   Gemüsebrühe
250 ml Sahne
100 g tiefgefrorene Erbsen
1-2 EL heller Saucenbinder
        weißer Pfeffer
etwas Petersilie

Zubereitung:
-   Tortellini nach Anweisung in Salzwasser 12-15 Minuten kochen.
-   Pilze in Scheiben schneiden, Zwiebeln fein würfeln.
-   Öl erhitzen und die Zwiebeln und Pilze darin anbraten.
-   Mit der Brühe und der Sahne ablöschen und aufkochen.
-   Nun die Erbsen in die Sauce geben und ca. 2-3 Minuten köcheln lassen.
-   Den Saucenbinder einrühren und nochmals aufkochen.
-   Tortellini abgießen und in die Sauce geben.
-   Mit Salz und Pfeffer abschmecken und mit Petersilie   garnieren.

Haferspätzle mit Gemüse

Zutaten:

250 g	Zarte Haferflocken
250 g	Mehl, Typ 405
5	Eier
200 ml	Wasser
	Salz
1-2	Chilischoten
2-3	Knoblauchzehen
300 g	Zucchini
1	gelbe Paprika
12	Cocktailtomaten
2	mittelgroße rote Zwiebeln
2 EL	Öl
	Pfeffer
	Rosmarin

Roten Pesto nach Geschmack

Zubereitung:

- Die Spätzlezutaten gut vermischen.
- Der Teig muss zäh vom Löffel fließen, ansonsten etwas Wasser, oder Mehl zufügen.
- Nun 30 Minuten ruhen lassen.
- In der Zwischenzeit kann man das Gemüse vorbereiten.
- Die Chili längs durchschneiden und entkernen.
- Chili und Knoblauch fein hacken.
- Das Gemüse waschen, putzen und klein schneiden.
- Chili und Knoblauch in Öl anbraten.
- Dann das Gemüse zufügen und 10 – 15 Minuten schmoren lassen.

- Mit Salz, Pfeffer und Rosmarin würzen.
- Mit einem Spätzlehobel oder einer Spätzlepresse den   Teig in das heiße Salzwasser drücken.
- Wenn die Spätzle oben schwimmen, sind sie fertig.
- Nach Geschmack kann man roten Pesto dazu reichen.

* * *

Nudelpfanne mit Käse überbacken

Zutaten:
3   Eier
        Salz und Pfeffer
250 g Nudeln
50 g   geriebener Käse
1 EL   Öl
1 EL   gehackte Petersilie

Zubereitung:
- Eier aufschlagen und mit Salz und Pfeffer verquirlen.
- Nudeln in Salzwasser bissfest garen.
- Dann absieben, mit den Eiern, 1 EL Käse und der Petersilie vermischen.
- Öl in einer Pfanne leicht erhitzen und die Mischung   hinein geben.
- Deckel auflegen und bei schwacher Hitze goldgelb anbacken.
- Dann mit Hilfe des Deckels umdrehen und die fertige   Seite mit dem restlichen Käse bestreuen und wieder   den Deckel auflegen.

\-   Wenn der Käse geschmolzen ist, kann die Nudelpfanne auf einen Teller geschoben werden.

Tipp: Lecker schmeckt dazu ein grüner Salat.

* * *

Mehlklöße – Wasserspatzen

Zutaten:

1,5 TL,	Salz
1 Prise	Muskat
650 g	Mehl
3	Eier
2 L	Brühe
320 ml	Milch

Zubereitung:

\-   Zuerst siebe das Mehl in eine große Schüssel, schlage dann die Eier hinein (ich schlage jedes für sich erst in eine Tasse, um zu sehen, ob es noch gut   ist).
\-   Danach gib Salz und Muskat und einen guten Schuss   Milch dazu.

- Jetzt verrühre das Ganze mit einem stabilen Kochlöffel.
- Schütte nach und nach mehr Milch hinein, bis ein zäher Teig entsteht, welcher Blasen wirft.
- Als nächstes bringe 1,5 – 2 Liter Brühe oder Salzwasser zum Kochen und gebe den Teig portionsweise mit einem großen Esslöffel (vorher immer ins heiße Wasser tunken, weil sich sonst der Teig nicht löst) hinein.
- Dann stelle den Herd auf mittlere Stufe.
- Die unregelmäßig geformten Klöße sind gar, sobald sie oben schwimmen.
- Die Mehlklöße schmeckt lecker als Beilage mit gerösteten Zwiebeln, Speck oder Sauce.
- Falls davon etwas übrig bleibt, ist es abends gebraten noch mal so gut.

* * *

Pasta à la Chefkoch

Zutaten:

1 Dose	Tomaten-Creme-Suppe
1 EL	fein gewürfelte Zwiebel
1 EL	Butter,
200 ml	süße Sahne
150 g	Blattspinat, grob gehackt
150 g	Champignons in Scheiben
1	Knoblauchzehe, fein zerdrückt
3	Tomaten, gehäutet und gewürfelt
1 TL	Toskana-Mix-Kräuter
2 EL	ger. Parmesan
1 Prise	Muskat

1 Packung	Rigatoni
2 EL	Knoblauchöl
	Salz, Pfeffer

Zubereitung:
- Rigatoni bissfest kochen.
- Zwiebel und Knoblauch andünsten, Champignons und Tomatenwürfel dazu geben.
- Blattspinat und Knoblauch – Zwiebel dazu geben.
- Mit Sahne und Tomatencremesuppe auffüllen und einige Minuten köcheln lassen.
- Mit Toskana-Mix, Muskat, Salz und Pfeffer würzen.
- Die heiße Soße über den Nudeln verteilen, alles leicht vermengen.
- Evtl. nachwürzen und vor dem Servieren mit Parmesan bestreuen.

* * *

Scharfe Nudeln mit Auberginen und Erdnusssauce

Zutaten
200 g	Vollkornnudeln oder Pasta
1	große oder 2 kleine Auberginen
200 g	Champignons
1	mittelgroße Karotte
5 EL	Tamari- oder Sojasauce
4 EL	Ahornsirup
3 EL	Apfelessig
4 EL	Erdnussbutter
0,5 TL	Chilipulver
50 g	Babyspinat

Zubereitung

- Wasser in einem mittelgroßen Topf aufkochen.
- 1 Prise Salz hineingeben und die Nudeln nach Packungsangabe al dente kochen.
- Abgießen und unter kaltem Wasser abspülen.
- Aubergine, Pilze in mundgerechte Stücke schneiden, die Karotte hobeln.
- 2 Esslöffel Olivenöl in einer großen Pfanne sehr heiß werden lassen.
- Auberginen und Champignons 8 Minuten unter regelmäßigen Wenden darin anbraten.
- Sollten Sie ansetzen, 2 Esslöffel Wasser in die Pfanne geben und den Bodensatz mit dem Holzlöffel lösen und verrühren.
- Tamari, Ahornsirup, Essig, Erdnussbutter und Chilipulver mit 6 Esslöffeln Wasser und einem halben Teelöffel frisch gemahlenem schwarzen Pfeffer in ein Schraubenglas geben, verschließen und gründlich schütteln.
- Die Temperatur in der Pfanne etwas reduzieren, die Hälfte der Sauce hineingeben und 4 Minuten unter regelmäßigem Rühren kochen.
- Nudeln, Spinat, Karotten und die restliche Sauce in die Pfanne geben und alles gründlich verrühren.
- Weitere 2 Minuten kochen.
- Die Pfanne vom Herd nehmen und die Nudeln abschmecken.
- Wer es scharf mag, kann mehr Chilipulver hinzugeben.

* * *

Schnelle Nudelpfanne – Asia Art

Zutaten:

250 g	Mie Nudeln
3	Karotten
100 g	Weißkohl
2	Frühlingszwiebeln
4 EL	Sojasauce
1 EL	Zucker
n.Geschm.	Chilipulver oder Cayennepfeffer
2 EL	Sesamöl
150 g	Sojasprossen

Zubereitung:

- Nudeln nach Packungsanweisung zubereiten und gut abtropfen lassen.
- Karotten schälen und in schmale Stifte schneiden, Kohl in feine Streifen und Frühlingszwiebel in Ringe schneiden.
- Für die Sauce Sojasauce, Zucker und eventuell Chili verrühren.
- Öl in einer weiten Pfanne erhitzen und Möhren, Kohl und Frühlingszwiebel darin kurz anbraten.
- Nudeln, Sprossen und Sauce zugeben.
- Alles gut durchrühren, 3 Minuten braten, mit Sojasauce abschmecken und heiß servieren.

Tipps:

- Statt der oben genannten Gemüse kann man auch sehr gut andere nehmen.
- Auch Reis schmeckt gut dazu.
- Auch weitere Gewürze wie z.B. Ingwer, Curry können verwendet werden.

Rahmpilzpfanne mit Nudeln

Zutaten:

250 g	Champignons
1	Zwiebel
1	Knoblauchzehe
2 EL	Olivenöl
1 EL	Tomatenmark
350 ml	Wasser
100 ml	Sahne
	Salz und Pfeffer
1 Prise	Paprikapulver, edelsüßes
1 TL	Gemüsebrühepulver
Je ½ TL	Rosmarin und Thymian
250 g	Tagliatelle oder Spaghetti
40 g	Parmesan
1 EL	Schmand
Etwas	frische Petersilie zum Garnieren

Zubereitung:

- Champignons putzen und in Scheiben schneiden.
- Zwiebel und Knoblauch schälen und würfeln.

- In einer großen Pfanne das Öl erhitzen, Zwiebel und Knoblauch kurz anschwitzen, Champignons zufügen und kurz mit anbraten.
- Tomatenmark mit anschwitzen.
- Jetzt alles mit Wasser und Sahne ablöschen und mit Salz, Pfeffer, Paprika, Gemüsebrühepulver, Rosmarin und Thymian abschmecken.
- Die ungekochten Nudeln in die Pfanne geben, alles gut miteinander vermischen und zugedeckt bei mittlerer Hitze ca. 15 bis 20 Minuten köcheln lassen.
- Zwischendurch immer wieder umrühren. Parmesan hinein geben und nochmal kurz alles verrühren.

* * *

REISGERICHTE

Gemüse – Reis – Auflauf

Zutaten:

2 kl.   Zwiebeln
800 g gemischtes Gemüse
3   Lauchzwiebeln
2 EL   Butter
300 g Risotto – Reis
           Salz, Pfeffer
200 ml trockener Weißwein, oder Gemüsebrühe
2   Eigelb
50 g   Schlagsahne
150 g geriebener Emmentaler

Zubereitung:
-     Zwiebeln abziehen, fein würfeln.
-     Gemüse je nach Bedarf waschen, schälen und
      klein   schneiden.
-     Die Röschen teilen, Lauchzwiebeln waschen,
      putzen   und schräg in Ringe schneiden.
-     Den Backofen auf 225 Grad vorheizen.
-     In einem Topf 1 ½ EL Butter erhitzen, und die
      Zwiebeln darin andünsten.
-     Reis zufügen und mitdünsten, bis er glasig wird.
-     Leicht salzen und Pfeffern.
-     Mit Wein bzw. der Gemüsebrühe ablöschen.
-     Die Flüssigkeit unter häufigem Rühren sämig
      einköcheln lassen.
-     Nach und nach heiße brühe angießen.
-     Den Reis in 15 – 20 Minuten bissfest garen.
-     Dabei häufig umrühren.
-     5 Minuten vor Ende der Garzeit das Gemüse
      zufügen.
-     Auflaufform mit übriger Butter einfetten.

- Eigelbe und Sahne vermischen und mit den Lauchzwiebeln unter den Risotto rühren.
- Auflauf mit Käse bestreuen in im Ofen bei 225 Grad etwas 15 Minuten überbacken.

* * *

Exotischer Reis

900 ml	Gemüsebrühe
1 kl	Lauch
1	Knoblauchzehe
1	walnussgroßes Stück Ingwer
1 EL	Rapsöl
1	Papaya
1	Kaki
2 Scheiben	frische Ananas, oder aus der Dose
1 EL	milder Curry
4 EL	Sojasoße
2 EL	Madeira
½ Becher	Sahne
	Pfeffer, Salz

Zubereitung:
- Reis mehrfach gut waschen.
- Dann in Gemüsebrühe 10 Minuten weich garen.
- Lauch in sehr feine Streifen schneiden, Knoblauchzehe durch die Presse drücken und den Ingwer sehr fein schneiden.
- Die genannten Zutaten zusammen in Öl glasig dünsten.
- Papaya, Kaki und Ananas würfeln.
- Den gegarten Reis zum Lauch geben.

- Mit den übrigen Gewürzen abschmecken und abschließen das exotische Obst unterheben.
- Nur erwärmen, nicht kochen.

Schmeckt warm und kalt sehr gut.

* * *

Gebratener chinesische Reis mit Ei

Zutaten:

180 g	Reis vom Vortag
	(Rohgewicht, ca. 500 g gekocht)
4	Eier
1	Zwiebel
1	Knoblauchzehe
2	Möhren
1 Stange	Lauch
1/2 Glas	Bambus-oder Sojasprossen
5 EL	Sojasauce
1/2 TL	Curry
1 TL	oriander
1/2 TL	Ingwer
1 TL	Chiliflocken
1 EL	Zitronensaft
	Salz, Pfeffer
etwas	Öl, Kokosöl

Zubereitung:
- Die Möhren in kleine Stifte schneiden und in Kokosöl zusammen mit Zwiebeln und Knoblauch 5 Minuten in einer großen Pfanne anbraten.

- Den Lauch hinzufügen und weitere 3 Minuten braten.
- Tamari-Sauce sowie alle restlichen Gewürze untermischen.
- Den gekochten Reis hinzugeben und verrühren.
- In der Zwischenzeit die Eier mit Salz und Pfeffer verquirlen.
- Den Reis in der Pfanne weit nach außen schieben und in die Mitte noch einen Schuss Öl geben.
- Die Eier in die Mulde geben und bei geschlossenemDeckel fest werden lassen.
- Zwischendurch wenden.
- Das Ei in Stücke drücken und mit dem Reis vermischen.

Tipp:
- Wenn es ganz schnell gehen soll, können Sie auch TK – Chinagemüse verwenden.

Informationen zu Tamari-Sauce

- Tamari ist eine fermentierte Würzsauce aus Sojabohnen.
- Angeblich ist die Sauce sogar der Ursprung aller Sojasaucen.
- Entdeckt wurde sie bei der Produktion von Miso in China – denn beim Reifeprozess der würzigen Paste entsteht Tamari als Nebenprodukt.
- Sie ist die einzige japanische Sojasoße, die ohne Weizen hergestellt wird und besitzt einen kräftigen Umami-Geschmack, der gut zu Sushi und Sashimi sowie zu Senbei und anderen gegrillten Speisen passt.
- Tamari ist eine voll-würzige Sojasauce nur aus Sojabohnen.
- Der kräftige Geschmack macht das Tamari zu einer vielseitigen Grundwürze von Suppen, Saucen und Gemüsegerichten.
- Ideal auch für Marinaden, denn das Tamari bewahrt seinen Geschmack auch bei kräftigem Anbraten und längeren Kochzeiten.

* * *

Spinat – Risotto

Zutaten:

250 g	frischer Spinat, ersatzweise 225 g TK Blattspinat
1	Zwiebel
1	Knoblauchzehe
4 EL	Butter
300 g	Risotto-Reis
100 ml	Weißwein, ersatzweise Brühe

1 L	heiße Gemüsebrühe
	Salz, Pfeffer
60 g	ger. Parmesan

Nach Belieben: Spinatblätter zum Garnieren.

Zubereitung:
- Spinat waschen, putzen und in feine Streifen schneiden.
- Tiefgekühlten Spinat auftauen lassen.
- Zwiebel und Knoblauch abziehe und klein würfeln.
- 2 EL Butter in einem Topf erhitzen, Zwiebel und Knoblauch darin andünsten.
- Reis zugeben und glasig dünsten.
- Mit Wein bzw. Brühe ablösche, und bei großer Hitze unter Rühren einköcheln lassen.
- Nach und nach Brühe angießen und bei mittlerer Hitze so lange köcheln, bis die Flüssigkeit verdampft ist.
- Dabei ständig umrühren.
- Nach ca. 10 Minuten Spinat zufügen, unterrühren und Risotto wie oben beschrieben fertig garen.
- Die Garzeit beträgt insgesamt ca. 20 Minuten.
- Mit Salz und Pfeffer würzig abschmecken.
- Übrige Butter, ca. 2 EL, und Parmesan unterrühren.
- Das Risotto soll cremig sein und der Reis noch Biss haben.
- Nach Belieben mit frischen Spinatblättern garniert servieren.

Tipps:
- Dazu passt Tomatensalat.
- An frischem Spinat haftet oft noch Sand.

\-   Am Besten mit viel Wasser in einer Schüssel oder im   Waschbecken waschen.
Bei Wurzelspinat zuerst noch die Wurzeln und bei großen Blättern die Mittelrippen entfernen.
Sie bleiben auch beim Kochen oft hart.

* * *

Bananen – Curry mit Reis

Verschiedene Bohnen, Tigerbohnen

Zutaten:

250 g	Reis
etwas	Salz
1	Zwiebel
3	Knoblauchzehen
1 rote	Paprika
1	Chili
1 Stück	frischer Ingwer
3 EL	Rapsöl
2 TL	Currypulver

400 ml	Kokosmilch
2	Kochbananen
1 Dose	Tiger-Bohnen
3 TL	brauner Zucker
½	Limette
2 EL	Kokos-Chips

Zubereitung:
- Reis in ausreichend Salzwasser nach Packungsanweisung kochen.
- Zwiebel und Knoblauch schälen. Beides in kleine Würfel schneiden. Paprika und Chilischote waschen, entkernen und in Streifen schneiden.
- Ingwer schälen und fein reiben.
- Öl in einem Topf erhitzen, Zwiebeln, Knoblauch und Chili darin anbraten.
- Ingwer und Curry dazugeben und kurz anrösten.
- Mit Kokosmilch ablöschen.
- Kochbananen schälen und in Scheiben schneiden.
- Ins Curry geben und 20-25 Minuten köcheln lassen.
- Tiger-Bohnen abgießen und hinzufügen.
- Paprikastreifen dazugeben und ca. 5 Minuten köcheln lassen.
- Je nach Süße der Bananen 2-3 TL braunen Zucker, Saft einer halben Limette und Salz dazu geben.
- Auf einem Teller mit Reis anrichten und mit Kokos-Chips garnieren.

* * *

Reis mexikanische Art

Zutaten:

400 g	Vollkornreis
1 Dose	Mais (285 g)
1 Dose	Schwarze Bohnen (400 g)
2 EL	Olivenöl
200 ml	Salsa-Dip
	Salz
1	Avocado

Zubereitung:

- Reis in kochendem Salzwasser nach Packungsanweisung kochen.
- Mais und Bohnen abgießen und mischen. Reis abgießen.
- Öl in einer großen Pfanne erhitzen und Reis darin kurz anbraten, sodass er etwas knusprig wird.
- Mais und Bohnen zugeben und alles gut mischen. Salsa unterrühren.
- Nach Belieben mit Salz würzen.
- Avocado halbieren, Kern entfernen und Fruchtfleisch in Stücke schneiden.
- Fertigen Reis mit den Avocadowürfeln bestreuen.

* * *

Reis mit Linsen und Paprika aus dem Ofen

Zutaten:

je 1	rote, grüne und gelbe Paprikaschote
3	Knoblauchzehen
1 Bund	Frühlingszwiebeln

3 EL	Rapsöl
160 g	Basmatireis
180 g	rote Linsen
1 EL	Tomatenmark
2 TL	Gemüsebrühe (instant)
1 TL	gemahlener Kreuzkümmel
	Salz
	Pfeffer
500 ml	Wasser

Zubereitung:
- Paprikaschoten waschen, entkernen und in grobe Stücke schneiden.
- Knoblauch schälen und fein hacken. - Frühlingszwiebeln waschen, trockenschütteln und in ca. 2 mm dünne Ringe schneiden, dabei etwas Frühlingszwiebelgrün beiseite legen.
- Ein tiefes Backblech oder eine Fettpfanne mit Rapsöl einstreichen.
- Reis, Linsen, Paprikastücke, Knoblauch und 2/3 Frühlingszwiebeln in die Fettpfanne geben und gründlich miteinander vermengen.
- Wasser mit Tomatenmark, Gemüsebrühe und Kreuzkümmel mischen.
- Mit Salz und Pfeffer abschmecken.
- Über die Zutaten auf dem Blech gießen und mit einem Kochlöffel umrühren.
- Paprika-Reis im vorgeheizten Backofen bei 175 °C (Ober-/Unterhitze) ca. 35 Minuten backen.
- Paprika-Reis aus dem Ofen nehmen, mit restlichem Frühlingszwiebelgrün bestreuen und servieren.

- Dazu schmeckt ein schneller Dip wie Hummus oder   Joghurtdip.

Tipp:
- Rezepte für einen Joghurtdip und Hummus finden Sie in der Rubrik – „ Dips und Soßen „

* * *

Gebratener Reis mit Gemüsen

Zutaten:
150 g TK-Erbsen
200 g Chinakohl
2   Karotten
1   rote Peperoni
1 EL   Erdnussöl
2   Eier (Gr. M)
2 TL   Sesamöl
         Salz
         Pfeffer
4 EL   Sojasoße
1 TL   Reisessig
n.B.   gesalzene Erdnüsse
300 g Reis (z. B. Basmatireis)
1   Frühlingszwiebel

Zubereitung:
- Reis gründlich waschen, gut abtropfen.
- Nach Packungsanweisung mit der Quellmethode zubereiten.
- Reis mit einer Gabel auflockern, auskühlen lassen.

- Frühlingszwiebel waschen, in feine Ringe schneiden.
- Chinakohl waschen, putzen und in feine Streifen schneiden.
- Karotten schälen, in kleine Würfel schneiden. - Peperoni waschen, putzen und in kleine Würfel schneiden.
- Erdnussöl in einer Pfanne erhitzen, vorgekochten Reis darin unter Rühren 5 Minuten anbraten. - Herausnehmen.
- Eier mit 1 TL Sesamöl verrühren, mit Salz und Pfeffer würzen.
- Eiermasse hineingießen und unter Rühren stocken lassen.
- Herausnehmen.
- 1 TL Sesamöl in der Pfanne erhitzen, Gemüse dazugeben und 5 Minuten anbraten.
- Mit Salz und Pfeffer würzen. Gebratenen Reis, Sojasoße und Reisessig dazugeben und 10 Minuten weiter braten.
- Rührei unterheben.
- Den gebratenen Reis in kleine Schälchen füllen.
- 2-3 EL Erdnüsse grob hacken und über den Reis streuen.

* * *

SALATE

Welchen Salat sollte man essen?
Vor allem grüne und rote Salatsorten sind Vitaminbomben: Sie glänzen mit einem hohen Gehalt an Vitamin A, B- Vitaminen wie zum Beispiel Folat und Vitamin C.

Dazu kommen Kalium, Calcium und Magnesium,
die den Salat mineralstoffreich machen.
Eine nicht zu unterschätzende Wirkung geht von den
wertvollen Nahrungsfasern aus.

Frühlingssalat

Zutaten:
2 Scheiben	Toastbrot
2 EL	Butter
100 g	Rucola
100 g	Feldsalat
2	Chicorée
1	Zucchini
1	Fenchelknolle
1 Bd.	Radieschen
1	Möhre
2 EL	Rotweinessig
1 EL	Balsamico-Essig
2 EL	weißer Portwein
1 EL	Sherry
4 EL	Olivenöl
	Salz, Pfeffer

1 Prise   Zucker
1 Kästchen   Kresse

Zubereitung:
-       Toast entrinde und in Würfel schneiden.
-       Die Butter in einer Pfanne erhitzen und die
        Brotwürfel   darin goldbraun rösten.
-       Auf Küchenpapier abtropfen lassen.
-       Rucola und Feldsalat putze, waschen und
        trockenschleudern.
-       Chicorée putzen, halbieren und die Blätter vom
        Strunk lösen.
-       Zucchini, Fenchel und Radieschen waschen und
        putzen.
-       Möhre schälen und das Gemüse fein raspeln.
-       Beide Essig, Portwein, Sherry und Olivenöl
        verrühren, dann mit Salz, Pfeffer und Zucker
        abschmecken.
-       Die vorbereiteten Salatzutaten auf vier Tellern
        anrichten.
-       Die Vinaigrette darüber träufeln.
-       Die Kresse abschneiden und darüber streuen.
-       Den Frühlingssalat nach belieben mit etwas
        Trüffelöl   beträufelt servieren.

* * *

Sommersalat mit Rhabarber und Feta

Zutaten:

4 EL	Nüsse (Walnüsse & Cashews)
600 g	Rhabarber
200 g	Spinat
120 g	Feta
Ein Schuss	Olivenöl

Zubereitung:

- Nüsse ohne Öl anrösten.
- Rhabarber in Stücke schneiden, in Olivenöl anbraten.
- Spinat waschen, trocken schütteln.
- Dressing mischen, über Spinat geben.
- Rhabarber, Nüsse und zerbröselten (veganen) Feta darauf verteilen.

* * *

Bunter Herbstsalat

Zutaten:

300 g	gemischte Blattsalate
2 EL	gehackte Walnüsse
2 EL	Dijonsenf mit Honig
4 EL	Apfelsaft naturtrüb
2 EL	Schnittlauchröllchen
2 EL	Walnussöl

Zubereitung:

- Blattsalate gut waschen und trocken schleudern.
- Dann auf Tellern anrichten.

- Walnüsse in einer Pfanne ohne Fettzugabe anrösten.
- Übrige Zutaten zu einem Dressing verrühren und mit   Salz und Pfeffer abschmecken.
- Die Walnüsse auf den Blattsalaten verteilen und mit   dem Dressing beträufeln.
- Zum Schluss noch einige Schnittlauchröllchen darüber geben.

Tipps:
- Schmeckt super zu den Kräuter-Schupfnudeln.
- Oder als leichtes Hauptgericht mit frischen Brot.

* * *

Blattsalate mit Radieschen und Apfeldressing

Zutaten:
200 g   Blattsalate
1 Bund   Radieschen

Fürs Dressing:
1   geriebener rotbackiger Apfel
1 TL   geriebener Meerrettich
1 EL   Frischkäse
1 TL   Rapsöl
1   Zitrone, Saft davon
                 Pfeffer
                 Salz

Zubereitung:
- Die Zutaten mit 2 EL. Heißem Wasser verrühren und   abschmecken.

147

- Anschließen über dem Blattsalat und den Radieschenscheiben verteilen.
- Dazu schmeckt leckeres, frisches Bauernbrot.

* * *

Scharfer Nudelsalat

Zutaten:

300 g	Fussili - Nudeln
½ Bund	Schnittlauch
1	Zwiebel
je 1	gelbe und rote Paprika
2	Tomaten
3	Gewürzgurken
200 g	Brotaufstrich, z.B. Hölle von Brunch
8 EL	Gewürzgurkenwasser
	Salz
	Pfeffer
	Paprikapulver

Zubereitung:
- Nudeln bissfest kochen, abgießen, abschrecken und   abkühlen lassen
- Schnittlauch waschen, trockenschütteln und in kleine Röllchen schneiden.
- Zwiebel schälen und fein würfeln.
- Paprika waschen, vierteln, entkernen und würfeln.
- Tomaten waschen, den Stielansatz entfernen und in   kleine Stücke schneiden.
- Die Gewürzgurken fein würfeln.

148

- Brotaufstrich und Gewürzgurkenwasser glattrühren, Schnittlauch, Zwiebelwürfeln und gut abgetropfte Nudeln dazu geben.
- Paprika und Tomatenwürfel vorsichtig unter den Nudelsalat heben.
- Eventuell mit Salz und Pfeffer abschmecken.
- Den Salat 30 Minuten durchziehen lassen.

Tipp:
- Nudeln sollten nur dann kalt abgeschreckt werden, wenn sie für Salate oder Aufläufe weiterverwendet werden.
- Andernfalls unmittelbar nach dem Abgießen mit der Soße vermengen.

* * *

Broccoli – Salat

Zutaten für 2 Personen:

300 g	Brokkoli
5	Champignons
etwas	Salz
2 EL	Pflanzenöl
2	Salatblätter
1 EL	Mandelstifte
2 EL	Estragonessig
	Senf
	Pfeffer

Zubereitung:
- Brokkoli in Röschen zerteilen, Stiel klein schneiden.

- Etwas 2 Minuten in Salzwasser blanchieren, in Eiswasser abschrecken, abtropfen lassen.
- Champignons in Scheiben schneiden, mit 1 TL Öl in einer beschichteten Pfanne kurz anbraten.
- Salatblätter in Stücke zupfen, mit Brokkoli mischen.
- Nun die Mandeln rösten.
- Mit Senf, Salz und Pfeffer abschmecken.
- Dressing über den Salat geben, mit den gerösteten Mandeln bestreuen.

* * *

Avocado – Kartoffel – Salat

Zutaten für 4 Portionen:

600 g	frisch gekochte Kartoffeln, festkochend
5	Lauchzwiebeln
4	Tomaten
1	grüne Peperoni, nach Belieben
1	Zwiebel

2	Zitronen
2	Avocados
2 EL	Mayonnaise
100 ml	Milch
100 g	Schlagsahne
	Salz, Pfeffer
4 EL	gehackte Petersilie

Zubereitung:
- Kartoffeln pellen, in Scheiben schneiden.
- Lauchzwiebeln waschen, putzen und in Ringe schneiden.
- Tomaten waschen, putzen und in Spalten schneiden.
- Peperoni längs halbieren, entkernen, waschen und in halbe Ringe schneiden.
- Zwiebeln abziehen und würfeln.
- Zitronen halbieren und auspressen.
- Avocados halbieren, entkernen und die Hälften schälen.
- Zitronensaft, Zwiebel, Mayonnaise, Milch und Sahne verrühren, dann salzen und pfeffern.
- Avocados in Scheiben schneiden, mit den übrigen Zutaten und dem Dressing vermischen.
- Mit Petersilie bestreut servieren.

* * *

Feldsalat mit Rucola, Tomaten und Gorgonzola-Dressing

Zutaten für 6 Portionen:
300 g   Feldsalat

1 Handvoll	Rucola
6	halbierte Cocktail-Tomaten
3 EL	Gorgonzola
6 EL	Milch
	grober bunter Pfeffer

Zubereitung:

- Feldsalat und Rucola waschen und auf 6 Tellern verteilen.
- Gorgonzola mit Milch in eine Schüssel geben und im   Wasserbad cremig rühren.
- Diese Creme direkt vor dem Servieren und noch warm über den Salat verteilen.
- Die Tomaten darauf anrichten und mit buntem Pfeffer   würzen.

Wenn man den Salat als Hauptgericht verwendet, schmeckt frischen Baguette sehr gut dazu.

* * *

Bunter Feldsalat

Zutaten:

500 g	Feldsalat
2 EL	gehackte Walnüsse
1	geraspelte mittlere Rote Beete

Zutaten für das Dressing:

1 EL	Apfelzucker
3 EL	feinwürziger Essig
2 EL	Schnittlauchröllchen
3 EL	Walnussöl, 1. Pressung

Zubereitung:

- Gewaschenen Feldsalat auf vier Teller verteilen.
- Walnüsse in einer Pfanne ohne Fettzugabe anrösten.
- Zunächst die geraspelte Rote Beete und dann die Nüsse darauf verteilen.
- Aus den übrigen Zutaten das Dressing rühren, mit Salz und Pfeffer abschmecken.

Tipps:

- Auch dieser Salat schmeckt als Beilage zu Gegrilltem oder Wild sehr gut.
- Ich esse ihn aber auch gerne einfach so mit frischem Baguette.

* * *

Fitness – Salat für Sportler

Zutaten:

300 g	bunte Blattsalate
60 g	Rucola

4 reife	Aprikosen
1 TL	Kurkuma oder milden Curry
1	walnussgroßes Stück Ingwer
2	Frühlingszwiebeln in Ringe geschnitten
2 EL	Balsamico Bianco mit Orange
1 EL	Sesamöl
	Grober bunter Pfeffer uns Salz
1 Handv.	Basilikumblättchen

Zubereitung:
- Alle Blattsalate gründlich waschen und trocken schleudern.
- Dann auf Tellern anrichten.
- Rucola in mundgerechte Stücke schneiden und auch   auf die Teller verteilen.
- Aprikosen waschen, abtrocknen, entsteinen und in keine Stücke schneiden.
- Ingwer ganz fein reiben und den Basilikum abzupfen.
- Etwas Kurkuma oder Curry, den Basilikum, das Öl, den Ingwer, den Pfeffer und das Salz gut vermischen.
- Aprikosen auf dem Salat verteilen und mit dem Dressing übergießen.
- Die Frühlingszwiebeln darüber verteilen.

Dazu passt frisches Vollkornbaguette.

* * *

Tomaten – Melonen – Salat mit Honigdressing

Zutaten:

8	Tomaten
1 kl.	Honigmelone
250 g	Schafskäse
2	Lauchzwiebeln
4 EL	flüssiger Honig
3 EL	weißer Balsamico
	Salz
etwas	groß geschroteter bunter Pfeffer
4 EL	Olivenöl
4 Scheiben	Toastbrot

Zubereitung:

- Tomaten putzen und in gleiche dicke Scheiben schneiden.
- Honigmelone halbieren und die Kerne entfernen.
- Nun das Fruchtfleisch in Spalten teilen und schälen.
- Melonenscheiben in mundgerechte Stücke teilen, den Schafskäse würfeln oder grob zerbröseln.
- Die Lauchzwiebeln putzen und in Ringe schneiden.
- Für das Dressing Honig mit Essig, Salz und Pfeffer verrühren.
- Nun 2 EL Öl kräftig unterschlagen.
- Melonen mit Tomaten und Lauchzwiebeln auf die Teller verteilen.
- Salat mit dem Dressing beträufeln.
- Das Toastbrot von der Rinde befreien und in kleine Würfel schneiden.

- Das restliche Öl in einer Pfanne erhitzen und die Brotwürfel darin goldbraun anrösten, salzen und pfeffern.
- Noch heiß über die Salatteller streuen.

* * *

Asiatischer Linsensalat

Zutaten:

1	Zwiebel
2	Knoblauchzehen
1	Rote Chilischote
200 g	Rote Linsen
2 TL	Rapsöl
1 TL	fein gehackter Ingwer
2 TL	rote Currypaste
250 ml	Brühe
1 EL	Sojasoße
1	rote Paprika
3	Frühlingszwiebeln
120 g	passierte Tomaten
	Salz
	Zucker
einige	Korianderblätter

Zubereitung:
- Zwiebeln und Knoblauch abziehen und klein schneiden.
- Chilischote waschen, halbieren entkernen und in Streifen schneiden.
- Linsen waschen und gut abtropfen lassen
  Öl leicht erhitzen, Zwiebeln, Knoblauch, Chili und

Ingwer mit der Currypaste darin andünsten.
- Mit Brühe und Sojasoße ablöschen.
- Linsen zugeben und ca. 15 Minuten garen.
- Paprika und Frühlingszwiebeln waschen, Paprika in   Streifen, die Frühlingszwiebeln in Ringe schneiden.
- Das Tomatenpüree zu den Linsen geben, Gemüse untermischen und mit Salz sowie Zucker abschmecken.
- Mit Koriander garniert servieren.

* * *

Blumenkohlsalat „ India „

Zutaten:

1	Blumenkohl
	Salz
200 g	Joghurt
1	Knoblauchzehe
1 TL	Senf
1	Zitrone, Saft davon
2 EL	Sonnenblumenöl
	Pfeffer
150 g	Erdnusskerne
2	getrocknete Chilischoten
2 TL	eingelegter grüner Pfeffer
2	Zweige Minze

Zubereitung:
- Den Blumenkohl putzen, abbrausen und in Röschen   teilen.
- Die Blätter evtl. zum Garnieren beiseite legen.

157

-   Die Röschen in kochendem Salzwasser ca. 5 Minuten blanchieren, dann mit einem Schaumlöffel heraus nehmen und abtropfen lassen.
-   Den Joghurt glatt rühren.
-   Knoblauch abziehen und dazu pressen.
-   Mit Senf, Zitronensaft, Öl, Salz und Pfeffer eine würzige Marinade herstellen.
-   Blumenkohlröschen und die Erdnüsse mit dem Dressing vermengen.
-   Den Chili waschen, fein hacken, den eingelegten Pfeffer abtropfen lassen und beides untermengen.
-   Mit Minze und evtl. Blumenkohlblättchen garnieren.

* * *

Feldsalat mit Kürbis

Zutaten:
200 g   Feldsalat
250 g   Kürbisfruchtfleisch

1	Zwiebel
1	Knoblauchzehe
40 g	rote Linsen
250 ml	Gemüsebrühe
4 EL	Olivenöl
	Salz, Pfeffer
2 EL	Balsamico Essig
2-3 EL	Gemüsebrühe
1 TL	Honig
	Cayennepfeffer

Zubereitung:
- Feldsalat putzen, waschen und abtropfen lassen. Kürbisfleisch in Stücke schneiden.
- Zwiebel und Knoblauch abziehen.
- Die Zwiebel in Spalten, den Knoblauch in sehr feine Scheiben schneiden.
- Linsen abbrausen, in der Brühe ca. 5 Minuten kochen lassen.
- In einen Sieb abgießen und gut abtropfen lassen.
- 2 EL Olivenöl in einer Pfanne erhitzen, und das Kürbisfleisch kurz anbraten.
- Zwiebel und Knoblauch hinzu fügen und glasig dünsten.
- Dann mit Salz und Pfeffer würzen.
- Übriges Olivenöl mit Balsamico-Essig, Honig und Brühe verrühren.
- Mit Salz, Cayennepfeffer würzig abschmecken.
- Den Feldsalat auf 4 Teller verteilen, den Kürbis und die Linsen darauf anrichten.
- Alles mit der Marinade beträufeln und servieren.

Salat mit Grillkäse

Zutaten:
1   Eichblattsalat
1   Lollo rosso
1   Salatgurke
12   Kirschtomaten
2   Möhren
2   Frühlingszwiebeln
4 EL   Olivenöl
2 EL   Balsamico-Essig
       Salz, Pfeffer
2 Pck Grillkäse, z.b. Provencale
2 EL   Sonnenblumenkerne

Zubereitung:
- Die Salate waschen, putzen, trocken schleudern und   in mundgerechte Stücke zupfen.
- Salatgurke sowie die Kirschtomaten gründlich waschen.
- Die Gurke halbieren und in Scheiben schneiden.
- Die Tomaten in Spalten schneiden.
- Die Möhren waschen, schälen und in feine Streifen   schneiden.
- Frühlingszwiebeln abbrausen, putzen und in Ringe schneiden.
- Mit Olivenöl, Balsamico-Essig, Salz sowie Pfeffer vermengen.
- Den Grillkäse in einer Pfanne, evtl. Grillpfanne, etwa   1-2 Minuten von jeder Seite anbraten.
- Danach in acht Stücke teilen und auf dem Salat anrichten.

-   Den Salat mit Sonnenblumenkernen bestreuen und   sofort servieren.

Tipp:
Die Sonnenblumenkerne schmecken noch besser, wenn man sie ohne Fett in einer Pfanne geröstet hat.

* * *

Kartoffelsalat mit Ei

Zutaten:

800 g	Kartoffeln
1	Zwiebel
6 EL	Öl
250 ml	Gemüsebrühe
½ Bund	Radieschen
½	Salatgurke
4 EL	Weißweinessig
	Salz, Pfeffer
150 g	Creme fraiche
2 EL	gehackte Kresse
3	hart gekochte Eier

Zubereitung:
-   Kartoffeln schälen, waschen und in dünne Scheiben   schneiden.
-   Zwiebel abziehen und fein würfeln.
-   Zwiebel und Kartoffeln in 2 EL Öl andünsten, Brühe angießen und zugedeckt ca. 20 Min. köcheln lassen.
-   Die Radieschen waschen, putzen und in Scheiben schneiden.

- Gurke schälen, längs halbieren, entkernen und quer in Scheiben schneiden.
- Kartoffeln samt Brühe in eine Schüssel füllen.
- Essig, Salz, Pfeffer und übriges Öl mit Creme fraiche verrühren.
- Radieschen, Gurke und Kresse zu den Kartoffeln geben.
- Soße zufügen und alles gut vermischen.
- Nun ca. 20 Minuten ziehen lassen.
- Die Eier pellen und längs vierteln. Zum Servieren den Salat auf Tellern anrichten und mit den Eiern und evtl. mit Kresse bestreuen.

* * *

Brotsalat mit Käse

Zutaten:

je ½	rote, gelbe und orangene Paprikaschote
1	Zwiebel
4 EL	Rotweinessig
	Salz, Pfeffer
7 EL	Rapsöl
½ Bund	Basilikum, gehackt
250 g	Kirschtomaten,
150 g	Gouda in Scheiben
150 g	Baguette
2	Knoblauchzehen
125 g	Rucola

Zubereitung:
- Paprika putzen und abbrausen.
- Zwiebel abziehen und beides würfeln.

- Essig, Zwiebel, Salz und Pfeffer verrühren.
- Paprika und Basilikum in die Vinaigrette geben.
- Tomaten waschen und halbieren.
- Gouda in Streifen schneiden.
- Baguette in Scheiben schneiden und den Knoblauch   abziehen und durchpressen.
- Brotscheiben mit Knoblauch in 2 EL Öl goldbraun rösten.
- Rucola waschen, verlesen und trocken schütteln.
- Geröstetes Brot, Tomaten, Käse sowie Rucola mit der Vinaigrette mischen.

* * *

Nudelsalat mit Spargel

Zutaten:

600 g	grüner Spargel
	Salz
250 g	Vollkornnudeln
400 g	Kirschtomaten
50 g	Frischkäse
200 g	Vollmilchjoghurt

	Pfeffer
1 Bund	Basilikum

Zubereitung:

- Den grünen Spargel waschen, im unteren Drittel schälen und holzige Enden abschneiden.
- Nun wird er in ca. 3 cm lange Stücke geteilt.
- Anschließend in reichlich kochendem Salzwasser ca. 12 Min. bissfest garen. .
- Abgießen, kurz abschrecken und abtropfen lassen.
- Die Nudeln in Salzwasser nach Packungsanweisung bissfest garen.
- Dann abgießen, abschrecken und ebenfalls abtropfen lassen.
- Die Kirschtomaten gründlich waschen und halbieren.
- Für das Dressing den Frischkäse mit Joghurt, Salz sowie Pfeffer verrühren.
- Das Basilikum abbrausen, trockenschütteln und die Blättchen abzupfen.
- Einige zurück behalten, die anderen fein hacken und unter das Dressing rühren.
- Spargel, Nudeln sowie die Tomaten mischen und das Dressing unterheben.
- Mit dem restlichen Basilikum garnieren.

* * *

Rote-Beete-Salat mit Orangen, Avocado und Kürbiskernen

Zutaten

350 g rohe Rote Bete
1-2 Karotten
35 g Kürbiskerne
35 g Sesamsamen
2 reife Avocados
½ Zitrone, davon den Saft
2 Orangen
3 EL Aceto Balsamico oder Apfelessig
2 EL Ahornsirup
50 g Babyspinat

Zubereitung:

- Rote Beete und Karotten waschen, Schmutz und Schadstellen entfernen und Spitzen und Enden abschneiden.
- Nicht schälen, denn die meisten Nährstoffe stecken   in der Schale.

- Beides in eine Schüssel reiben.
- Eine beschichtete Pfanne bei mittlerer Hitze heiß werden lassen und Kürbiskerne und Sesamsamen 5 bis 7 Minuten darin rösten, bis sie knacken und duften.
- Die Avocado halbieren, den Kern entfernen.
- Nun kann man das Fruchtfleisch mit dem Löffel auslösen und in Würfel schneiden.
- Mit Zitronensaft und 1 Prise Salz in eine Schüssel geben und gründlich durch heben.
- Mit einem Messer oben und unten von den Orangen je einen Deckel abschneiden, sodass gerade Flächen entstehen.
- Dann die Schale von oben nach unten der Rundung folgend abschneiden, sodass die äußere Wachshaut vollständig entfernt wird.
- Die einzelnen Segmente entlang der Trennhäute einschneiden und auslösen.
- Den Rest der Orange über Rote Bete und Karotten ausdrücken.
- In einer zweiten Schüssel Essig, Ahornsirup, 4 Esslöffel Olivenöl, 2 Teelöffel Salz und eine Prise frisch gemahlenen schwarzen Pfeffer verquirlen.
- Das Dressing über die geriebenen Beten und Karotten geben.
- Den Spinat und die Hälfte der gerösteten Körnermischung dazugeben und gründlich durch heben.
- Den Salat mit Avocado würfeln, Orangenfilets und den restlichen gerösteten Körnern garniert servieren.

* * *

SUPPEN

Möhren – Ingwer – Suppe

Zutaten:

1 Stück	Ingwer, walnussgroß
500 g	Möhren
700 ml	Gemüsebrühe
200 g	Philadelphia
1 kl.	Apfel
1	Baguette

Zubereitung:

- Ingwer schälen und halbieren, Möhren schälen und in   Würfel schneiden.
- Mit dem Ingwer ca. 20 Min. in der Gemüsebrühe weich kochen.

- Anschließend den Ingwer entfernen.
- (Ich lasse ihn immer dabei, den ich mag sein Aroma   und seine Schärfe.)
- Möhren in der Gemüsebrühe pürieren.
- Den Frischkäse in die Suppe geben und bei milder Hitze unter Rühren schmelzen lassen.
- Mit Salz und grob gemahlenem Pfeffer abschmecken.
- Den Apfel in kleine Stücke schneiden.
- Die Suppe in 4 Tellern anrichten und die Apfelstücke   rein geben.
- Sofort mit Baguette servieren.

* * *

Apfel – Meerrettich – Suppe

Zutaten:

1	Zwiebel
3	Äpfel
500 g	Kartoffeln, mehlig kochend
3 EL	Butter
750 ml	Gemüsebrühe
100 g	Schlagsahne
	Salz, Pfeffer
etwa 3-5 cm	frischen Meerrettich ODER
	1 EL aus dem Glas

Zubereitung:
- Zwiebeln abziehen und fein Würfeln.
- Äpfel schälen, halbieren, entkernen und würfeln.
- Kartoffeln schälen, waschen und ebenfalls in Würfel   schneiden.

- In einem großen Topf 2 EL Butter erhitzen.
- Zwiebeln darin glasig dünsten.
- Gewürfelte Äpfel und Kartoffeln zugeben und kurz mitdünsten.
- Mit Brühe ablöschen und 10 Minuten köcheln lassen.
- Sahne zur Suppe geben und weitere 10 Min. köcheln lassen.
- Dann alles pürieren und mit Salz, Pfeffer und dem Meerrettich würzen.
- Übrigen Apfel schälen, Kerngehäuse ausstechen und den Apfel quer in feine Ringe hobeln.
- Übrige Butter in einer Pfanne erhitzen und die Apfelringe darin knusprig anbraten.
- Suppe mit Apfelringen und nach Belieben mit frischen Kräutern garniert servieren.

* * *

Gazpacho

Zutaten:

2	zerdrückte Knoblauchzehen
2 TL	Salz
2	grüne Paprikaschoten
1 gr.	Salatgurke
500 g	Tomaten
4	Scheiben Toastbrot
6 EL	Olivenöl
2 EL	Rotwein – Essig

Basilikum zum Garnieren

Zubereitung:
-        Knoblauch und Salz glattrühren.
-        Paprika würfeln, die Gurken schälen und fein würfeln.
-        Knoblauchmischung, Paprika und die Hälfte der Gurkenwürfel pürieren.
-        Je 2 EL Tomaten- und Toastwürfel beiseite stellen.
-        Restliche Würfel zufügen und pürieren.
-        5 EL Olivenöl nach und nach zugießen.
-        In eine große Schüssel umfüllen.
-        750 ml Wasser und Essig zugießen und unterrühren.
-        Mindestens 1 Stunde kalt stellen.
-        Kurz vor dem Servieren die restlichen Toastwürfel in   1 EL Olivenöl rösten.
-        Restliche Tomaten- und Gurkenwürfel sowie die gerösteten Toastwürfel dazu reichen.
-        Mit Basilikum garnieren.

* * *

Wirsingrahmsuppe

Zutaten:

200 g	Kartoffeln
2 EL	Butterschmalz
	Salz, Pfeffer
etwas	frischer Thymian
4	Champignons
300 g	Wirsing
2	Zwiebeln
1 EL	Gemüsebrühe Pulver
etwas	geriebener Muskat
200 ml	Sahne

Zubereitung:

- Kartoffeln schälen, waschen und klein würfeln.
- Butterschmalz in einem Topf erhitzen.
- Die Kartoffelwürfel unter Wenden in ca. 4 Minuten knusprig braten.
- Mit Salz, Pfeffer und Thymian würzen.
- Aus dem Topf nehmen und beiseite stellen.
- Pilze putze und in dünne Scheiben schneiden.
- Im Bratfett andünsten und dann heraus nehmen.
- Wirsing putzen, waschen und in feine Streifen hobeln.
- Zwiebeln abziehen , in dünne Streifen schneiden und   im Bratfett anbraten.
- Wirsing zufügen und andünsten.
- Mit Salz, Pfeffer, Brühe und Muskat würzen.
- 300 ml Wasser und die Sahne angießen und zugedeckt 15 Minuten köcheln lassen.
- Würzig abschmecken.
- Mit den Kartoffeln und den Pilzen im Teller anrichten.

Tomatensuppe

Zutaten:

1	Zwiebel
1	Knoblauchzehe
3 EL	Öl
2 EL	Mehl
4 EL	Tomatenmark
1 EL	Gemüsebrühe
1 Prise	Zucker
100 ml	Sahne
	Salz, Pfeffer
je 2	Zweige Basilikum, Oregano, Thymian
4 TL	Creme fraiche

Zubereitung:

- Zwiebel abziehen und fein hacken.
- Knoblauchzehe abziehen und in feine Scheiben schneiden.
- Das Öl in einem Topf erhitzen.
- Zwiebelwürfel darin glasig andünsten.

- Knoblauch zufügen,Mehl einstreuen und unter Rühren kurz anschwitzen.
- Ein Liter Wasser langsam angießen und zum Kochen bringen.
- Tomatenmark, Gemüsebrühe, Zucker und Sahne verrühren und in die Suppe rühren.
- Die Suppe nochmals kurz aufkochen lassen und mit Salz sowie Pfeffer würzen.
- Die Kräuter abbrausen, trockenschütteln, die Blättchen abzupfen und grob hacken.
- Suppe in Suppentassen oder tiefen Tellern anrichten.
- Auf jede Portion 1 TL Creme fraiche geben und etwas verrühren.
- Mit Kräutern bestreuen und servieren.

* * *

SÜßE GERICHTE

Saftiger Kaiserschmarren

Zutaten für 4 Portionen:

3	Eier
100 g	Mehl
100 ml	Milch
1 Prise	Salz
75 g	Rosinen
30 g	Butter
30 g	Mandelblättchen

Puderzucker zum Bestäuben

Zubereitung:
- Eier trennen.
- 1 Ei, Eigelb, Mehl, Milch und Salz glatt rühren.
- Rosinen unter den Teig rühren.
- Eiweiß steif schlagen und unter den Teig heben.
- Die Hälfte der Butter in einer beschichteten Pfanne erhitzen.
- Die Hälfte des Teiges hineingeben und bei mittlerer Hitze braten.
- Kaiserschmarren herumdrehen und mit 2 Gabeln in Stücke reißen.
- Nochmals etwas braten, herausnehmen und warm stellen.
- Zweiten Kaiserschmarren ebenso braten.
- Mandeln in einer Pfanne ohne Fett goldbraun rosten.
- Kaiserschmarren mit den Mandeln auf Tellern anrichten.
- Mit Puderzucker bestäuben und servieren.

* * *

Quarkpuffer mit Fruchtsoße

Zutaten:

500 g	Magerquark
3	Eier
170 g	Hafer- oder Hirseflocken
1 Prise	Salz
5 EL	Zucker
1 Glas	Schattenmorellen
1 TL	Speisestärke
	Butterschmalz
2	Bananen
	Puderzucker zum Bestäuben.

Zubereitung:
- Quark, Eiern, Flocken Salz und 2 EL Zucker verrühren.
- Kirschen abtropfen lassen und den Saft auffangen.
- Stärke 3 EL Zucker und 3 EL Saft verrühren.
- Den restlichen Saft aufkochen und die Stärke einrühren.
- Nochmals aufkochen und dabei stets rühren.
- Butterschmalz portionsweise erhitzen,
- Je etwas Teig hineingeben, flachdrücken und von beiden Seiten goldbraune Puffer backen.
- Bananen schälen und in Scheiben schneiden.
- Mit Kirschen in den Saft rühren,
- Puffer mit Puderzucker bestäuben.
- Die Fruchtsoße dazu reichen.

Schmeckt ausgezeichnet an einem warmen Sommertag an stelle eines warmen Mittagessens.
Oder nach einer einfachen Suppe.

Selbst gemachter Vanillepudding

Zutaten:

4	Eigelb
50 g	Zucker
2 EL	gehäufte EL Mehl (oder Stärke)
2	Vanilleschote
	(alternativ 2 Päckchen Bourbon-Vanille-Pulver)
400 ml Milch	

Zubereitung:

- Die Eier werden getrennt und das Eigelb mit dem Zucker, dem Mehl und ca. 100 ml Milch verrührt.
- Die Vanilleschote wird aufgeschnitten und das Vanillemark und die Schote werden zu der Milch gegeben, die man dann zum Kochen bringt.
- Wenn die Milch kocht, nehmt ihr die Vanilleschote heraus (Achtung, aufpassen, dass die Milch nicht überkocht ;-).
- Nun wird die Zucker-Eier-Mehl-Masse langsam eingerührt.
- Unter ständigem Rühren köchelt ihr den Pudding noch ein paar Minuten bis er die richtige Konsistenz   hat.
- Der Pudding kann warm oder kalt gegessen werden.
- Wenn ihr keine Haut auf dem Pudding mögt, hilft   es, Zucker darauf zu streuen.

* * *

Haferflocken – Auflauf

Zutaten:

1	Banane
100 g	Haferflocken (= 1 Tasse)
50 g	gemahlene Mandeln (eine halbe Tasse)
250 ml	Hafermilch (= 1 Tasse)
20 g	Kakaopulver
	Vanille (aus der Mühle)
1 Prise	Salz

Nach Lust und Laune einige leckere Früchte für darauf.

Zubereitung:
- Heize den Backofen auf 180°C Ober- und Unterhitze   vor.
- Schäle eine Banane und gib sie in eine Schüssel, püriere sie.
- Fülle sie in eine kleine Auflaufform.
- Gib die gemahlenen Mandeln und Haferflocken, etwas gemahlene Vanille, eine Prise Salz sowie die   Milch hinzu.
- Für den Schoko-Bananen-Auflauf fügst du außerdem   einen Esslöffel Kakaopulver zu.
- Vermische alles gut mit einer Gabel.
- Füge als Topping beliebige Früchte oder Schokodrops darauf.
- Nun für 20 Minuten in den Backofen schieben.

* * *

Apfelwaffeln a la Renate

Zutaten für 8 Stück:

25 g	Weizenmehl
125 g	Butter (weich)
125 g	Weichweizengrieß
3	Eier
3	Äpfel
250 ml	Milch (alternativ Pflanzenmilch)
½ Pck	Backpulver
1 TL	Ceylon-Zimt

Zubereitung:

- Schlage die Eier mit der Butter schaumig.
- Gib den Gries, das Mehl, die Milch, das Backpulver und den Zimt hinzu.
- Raspele den Apfel hinein und rühre ihn unter.
- Lasse den Teig 30 Minuten ziehen.
- Backe den Teig portionsweise im heißen Waffeleisen zu Waffeln aus.

* * *

Apfel – Milchreis mit Zimt

Zutaten:

900 ml	Milch (heiß)
100 ml	Sahne
3	Äpfel (groß)
2 EL	Rosinen, nach Geschmack
200 g	Milchreis
	Zimt
	Vanille (gemahlen)

Zubereitung:

- Heize den Ofen auf 200°C Ober-/Unterhitze vor.
- Gib den Milchreis ungekocht in die Auflaufform.
- Schäle die Äpfel und schneide sie in Würfel.
- Mische sie unter den Milchreis.
- Gieße die Milch über den Reis und mische die Rosinen unter.
- Streue nun etwas Zimt und gemahlene Vanille darüber.
- Decke den Auflauf mit Alufolie ab und backe ihn für 70 Minuten.
- Rühre ihn anschließend um und serviere ihn nach Belieben mit extra Zimt und Zucker.

* * *

Grießbrei mit heißen Früchten

Da wir einige Obstbäume hatten, wurden im Herbst immer die Früchte eingeweckt.
So gab es im Winter immer wieder einmal Grießbrei mit heißem Obst.

Während ich gerne mit Mirabellen aß, liebte mein Opa Kirschen und Apfelschnitze.
Hier nun das Rezept dazu:

Zutaten für 3 – 4 Portionen:

1 l	Milch
8 EL	Zucker
1 Pck.	Vanillezucker
	Salz
	Zimt
1 St.	Bio-Zitronenschale, oder etwas Saft
100 g	Weichweizengrieß
1–2 EL	Butter
1 Glas	Kirschen
2 EL	Stärke
100 ml	Kirschsaft oder - Nektar

Zubereitung:
- Für den Grießbrei Milch, 2 EL Zucker, Vanillezucker,
  1 Prise Salz und die Zitronenschale in einem weiten   Topf aufkochen.
- Den Topf dabei nicht aus den Augen lassen, damit nichts überkocht.
- Auf schwache Hitze schalten und mit einem Schneebesen kräftig rühren, damit sich ein Strudel bildet.
- Dadurch klumpt der Grieß beim Einrühren nicht zusammen.
- Jetzt Grieß unter Rühren zügig zugeben und ca. 5 Minuten bei schwacher Hitze quellen lassen.
- Für die Cremigkeit zum Schluss Butter unterrühren.

180

- Für das Kompott Kirschen in ein Sieb gießen, dabei Saft auffangen.
- Stärke und 4 EL Saft glatt rühren.
- Kirschsaft und Kirschnektar und 4 EL Zucker aufkochen.
- Angerührte Stärke einrühren und unter ständigem Rühren nochmals aufkochen.
- Vom Herd nehmen und Kirschen zugeben.
- 2 EL Zucker und ½–1 TL Zimt mischen.
- Den Grießbrei in einer Schüssel anrichten.
- Die Kirschen separat dazu reichen.
- Zimt – Zucker in einem Schälchen dazu stellen.

* * *

Ofenschlupfer aus dem Badnerland
(Apfel-Brot-Auflauf)

Zutaten:

80 g	Rosinen
3	Brötchen vom Vortag (ca. 150 g)
3	größere Äpfel

100 g Schlagsahne
400 ml Milch
4   Eier (Gr. M)
4   Eigelbe (Gr. M)
75 g   Zucker
2 EL   Paniermehl
Puderzucker zum Bestäuben

Zubereitung:
- Rosinen waschen und abtropfen lassen.
- Brötchen in dünne Scheiben schneiden.
- Äpfel waschen, trocken tupfen, evtl. schälen, Kerngehäuse herausstechen.
- Äpfel in dünne Spalten schneiden.
- Sahne, Milch, Eier, Eigelbe und Zucker verrühren.
- Brot und Äpfel abwechselnd schräg in eine gefettete   Auflaufform schichten.
- Mit Eiermilch übergießen, mit Paniermehl bestreuen,   kurz andrücken.
- Im vorgeheizten Backofen (E-Herd: 150 °C/ Umluft: 125 °C, 35-45 Minuten goldbraun backen.
- Auflauf herausnehmen, etwas abkühlen lassen und   mit Puderzucker bestäuben.
- Dazu schmeckt Vanillesoße.

Tipps:
- Ich nehme manchmal auch 6 ganze Eier dazu.
- Versuchen Sie einmal fast fertig geschlagene Vanillesahne dazu.

Bilderquellen

Kartoffeln
https://www.pexels.com/de-de/foto/kartoffeln-144248/

Salate
https://www.pexels.com/de-de/foto/gemusesalat-auf-teller-1059905/

Cashewkerne
https://www.pexels.com/de-de/foto/stapel-nusse-essensfotografie-kaschunuss-18876240/

Helles Brot
https://www.pexels.com/de-de/foto/brot-auf-weidenkorb-1755785/

Gurkengemüse
https://www.piqsels.com/de/public-domain-photo-joaie

Feldsalat
https://www.piqsels.com/de/public-domain-photo-jjbin/

Süßkartoffeln
https://www.pexels.com/kindelmedian7456548

Soßen
https://www.piqsels.com/de/public-domain-photo-ovfic/

Pizza
https://www.piqsels.com/de/public-domain-photo-zkhzv/

Radicchio
https://www.piqsels.com/de/public-domain-photo-srqgi/

Grüner Spargel
https://www.pexels.com/de-de/foto/flat-lay-fotografie-von-
spargel-351679/

Blumenkohl
https://www.pexels.com/de-de/foto/

Dip
https://www.piqsels.com/de/public-domain-photo-fuxur/

Wrap
https://www.gutekueche.de/schnelle-vegane-wraps-
rezept-8373

Erdbeeren
https://www.pexels.com/de-de/foto/erdbeer-
nahaufnahmefoto-1125122/

Cocktail
https://www.pexels.com/de-de/foto/getranke-cocktail-
orange-saftig-18153171/

Kokosnüsse
https://www.piqsels.com/de/public-domain-photo-zzqmo/

Tomatensuppe
https://www.piqsels.com/de/public-domain-photo-flnfa/

Helles Brot
https://www.piqsels.com/de/public-domain-photo-zkbbp/

Pesto
https://www.piqsels.com/de/public-domain-photo-jhdoa/

Bohnen
https://www.piqsels.com/de/public-domain-photo-filwv/

Grüner Spargel
https://www.piqsels.com/de/public-domaihttps://

Cover Foto
pexels-julia-volk-5273080

Romanesco
https://www.piqsels.com/de/public-domain-photo-fkkoo

Verschiedene Pilze
https://www.piqsels.com/de/public-domain-photo-fkkoo

Feldsalat
https://www.piqsels.com/de/public-domain-photo-ssxdq

Gurkengetränk
https://www.piqsels.com/de/public-domain-photo-zbdnw/

Zitrusfrüchte
https://www.pexels.com/de-de/suche/zitrusfrC3%BCchte/

Spitzpaprika
https://www.pexels.com/de-de/foto/-1274609/

Omelette
https://www.piqsels.com/de/public-domain-photo-sipib

Sojabohnen
https://www.piqsels.com/de/public-domain-photo-fwoss

Hokkaido
https://www.piqsels.com/de/public-domain-photo-fftgf

Rote Beete
https://www.piqsels.com/de/public-domain-photo-spvrz

Wirsing
https://www.piqsels.com/de/public-domain-photo-zeork

Quellennachweise:

Viele der in diesem Buch aufgeführten Rezepte habe ich bereits vor einigen Jahren gesammelt. Andere erhielt ich von Freunden.
Besonders von den gesammelten Rezepten findet sich heute leider kein Nachweis mehr.

Einige der Rezeptideen hatte ich einst von Philadelphia erhalten. Damals gab es eine kleine Broschüre im Einzelhandel.

Verschiedene Rezepte
Fand ich schon vor längerer Zeit auf Instagram, Facebook und anderen Onlineseiten.
Leider sind in der Zwischenzeit einige dieser Seiten bereits gelöscht worden.

Rote Beete Frikadellen
www.chefkoch.de

Ofenomelette mit Pesto
Von einer Freundin erhalten, sie hätte es von Instagram.

Umami - Rezept
https://www.harecker.de/blog/umami-gewuerzpaste-selber-herstellen/

Spargelpesto
https://www.chefkoch.de/rezepte/1916691312367380/Gruenes-Spargelpesto.html

Soße Provencal
https://www.kochbar.de/rezept/358790/Sauce-tomate-a-la-provencale.html

Brokkoli – Feta - Frikadellen
https://www.instagram.com/reel/CrBppnnoSFj/?igshid=MTc4MmM1Yml2Ng

Quelle: ntv.de, soe/spot

Getränke
Quelle: SWR

Bruschetta
https://www.piqsels.com/de/public-domain-photo-sdwdc/

Weitere Bücher von mir bei BoD:

https://buchshop.bod.de/catalogsearch/result/?
q=traude+schubert+

"Für jedes Wehwehchen ist ein Kraut gewachsen."
Aber welches Kraut ?

In dem 1. Teil von **"Segen der Natur"** finden Sie viele
gesammelte Informationen und Rezepte für Ihr
Wohlbefinden.

Sie erfahren z.B., was man mit Ahornblättern, Samen und
Früchten machen können.

Außerdem finden Sie viele Informationen über den
Baobab aus Afrika, einem ganz besonderen Baum.

Wussten Sie, dass es sogar einen Samen gibt, der
verunreinigtes Wasser wieder klären kann?

Rotklee ist ein kleines Wunder der Natur.
Wozu er nützich ist, lesen Sie in diesem Buch.

Zimt schmeckt nicht nur auf Apfelküchlein lecker,
er ist viel vielseitiger, als Sie vermuten.

Dies und noch viel mehr habe ich hier nun für Sie in diesem
Buch zusammengestellt.

Viele interessante und gute Erfahrungen wünscht Ihnen

Traude Schubert

"Segen der Natur"

Teil 1 - Wissenswertes
von Ahorn bis Zimt

Infos und Rezepte
für Ihr
Wohlbefinden

Traude Schubert

9 783758 382536

**Vegetarisches Essen?
Ich liebe es.**

Sie auch? Dann probieren Sie doch einmal diese
Rezepte aus. Mehr und mehr verging mir der
Appetit auf Fleisch und Wurstwaren.

Tiere werden von Deutschland mit LKW's bis
nach Afrika gefahren, weil dort die
Schlachtungen viel preiswerter sind!! Und so
etwas heißt dann "Tierwohl"!!

Dazu kommt noch, dass die Tiere so viele
Impfungen erdulden müssen, dass ihr Fleisch
nicht unbedingt mehr
genießbar genannt werden kann.

In diesem Buch habe ich nun meine
gesammelten Rezepte aufgeschrieben. Leckeres
vom Frühstück, über Zwischenmahlzeiten,
Mittag- bis zum Abendessen.

Auch tolle Brotrezepte habe ich eingefügt.

Ich bin sicher, Sie werden viele neue
Lieblingsrezepte finden.

Viel Freude und Erfolg beim Nachkochen.

Traude Schubert

T. Schubert - Vegetarische Gerichte - Lecker und Gesund

Vegetarische
Gerichte

Lecker und
Gesund

Traude Schubert

9 783758 374609

„ Segen der Natur – Teil 2 „

Wie der Titel schon verrät, finden Sie nun
weitere Infos und Rezepte für Ihr Wohlbefinden.

Ob Sie nun Neues für die Gesichtspflege, zum Abnehmen,
bei Erkältungen, Haarpflege und anderes suche, sie werden
es hier finden.
Außerdem gibt es eine Menge Informationen über die
entsprechenden Pflanzen.

Wie immer, habe ich selbst bereits einiges

davon ausprobiert.

Nicht jedes Rezept passt zu jedem, daher heißt es auch hier
– ausprobieren.

Viel Freude und Erfolg wünscht Ihnen

Traude Schubert

„Segen der Natur"

Teil 2

Informationen und Rezepte

Zur eigenen Herstellung von
Cremes,Ölen uns Salben

Traude Schubert

Leckeres - schnell & einfach zubereitet

Ich weiß nicht, ob es Ihnen auch so geht,
aber ich hasse es, wenn ich für ein Gericht
eine Menge Sachen extra kaufen muss.
Und dann weiß man nicht, schmeckt das Essen.
Bzw. was mache ich mit dem Rest der Zutaten?

In diesem Kochbuch habe ich daher einige
Rezepte zusammen getragen, die wenig
neue Zutaten benötigen.
Oder Zutaten, die man auch anderweitig
wieder verwenden kann.

Leckeres - schnell - einfach und preiswert
zu kochen, bzw. zu backen macht einfach Spaß.

Viel Freude und guten Appetit
wünscht Ihnen

Traude Schubert

Leckeres

schnell & einfach

zubereitet

Traude Schubert